RHYTHM'S TALK

Kenneth Nash

Opening Song "Think'n Of You" composed, arranged and performed by Kenneth Nash

Sound engineer: Mike Hersh

Recorded at Nash Studio

French translation: Jean-Louis Billoud

German translation: Christian Baumgärtner

Cover photo: Richard Cash

Published by ADVANCE MUSIC

D-7407 Rottenburg N., Germany

Production: Hans Gruber

Printed in West Germany

ISBN 3-89221-032-2

Table of Contents

1 *Personal Note*

The language, pulse and color of rhythm is as ancient and contemporary as time itself. It speaks to the heart of every person and culture. It grabbed me and hasn't let go. I've been a percussionist for over 15 years. During this time, I have been blessed to play or record with many of the great creative musical forces of our time. These musical opportunities have taken me into many settings; composing, arranging and producing musical works for dance, film, radio and television, as well as playing on hundreds of albums.

When I was asked to write this book, I had to give it some thought, because what I think musicians don't need is another "How to book". Don't misunderstand, they can be helpful, but they very seldom, if ever, communicate the language, excitement and methods that lead a player into becoming not only a skilled performer, but more important, one who is developing their own musical voice. Music is a language! A way you can talk, only you use your instruments as vehicles to speak through.

How many times have you seen a live performance or heard a record and in the end you were impressed with the technique of the player, but there wasn't anything musical that touched you inside. All that was communicated was the 'chops' the player had. The emotion, the feelings and the unique way players speak through their instruments are just as important as the technique they use. Let me give you an example. If you sat down and learned the technique of typing on a typewriter, you practice and practice, your speed gets up to an incredible 100 words per minute, your technique would be outstanding. My point is your technique (speed) would not automatically mean you could write a poem, song, book, etc. The opposite is true also. You can have all types of feelings, emotions and creative insights into something but without the proper techniques to express them, you're still in trouble. The marriage between technique and creative insight and sensitivity makes for great music. Why do I practice? If it is only to impress people with how fast, loud, or skillful I can play, I am never going to be a musician; a technician yes, but not someone who can speak to the insides of another person. The reason I'm taking the

Die Sprache, der Puls und die Klangfarben von Rhythmen sind so alt wie die Zeit selbst. Sie sprechen jeden einzelnen und ganze Kulturen dieser Welt im Innern an. Dieses Phänomen hat auch mich ergriffen und läßt mich nicht mehr los. Ich spiele nun seit über 15 Jahren Perkussion und habe in dieser Zeit das Glück gehabt, mit vielen der ganz großen Musiker, *live* und im Studio zu spielen. Diese musikalischen Möglichkeiten haben mir wiederum viele andere Bereiche eröffnet: als Komponist und Arrangeur für Ballett- und Filmmusik tätig zu sein und auch für Radio und Fernsehstationen zu arbeiten, sowie hunderte von Plattenaufnahmen.

Als man mich bat dieses Buch zu schreiben, mußte ich erst darüber nachdenken. Auf keinen Fall wollte ich auch ein "So wird's gemacht" Buch schreiben. Bitte verstehen Sie mich nicht falsch - solche Bücher können sehr nützlich sein, aber in der Regel behandeln sie sehr selten - wenn überhaupt - die Möglichkeiten, die einen Musiker dazu führen können, nicht nur Fingerfertigkeit und Technik zu trainieren, sondern die Entwicklung einer eigenen musikalischen 'Stimme'. Musik ist eine Sprache! Eine Möglichkeit sich auszudrücken, zu kommunizieren - nur, daß Sie Ihr Instrument dazu benützen.

Wie oft hat jeder von uns schon Konzerte oder Aufnahmen gehört, bei denen uns technische Bravourstücke vorgeführt wurden, die uns nicht berührten, weil keine musikalische Substanz vorhanden war. Alles, was 'herüberkam' war Technik. Dabei sind Gefühl, Leidenschaft und die ganz individuelle Ausdrucksweise jedes einzelnen genauso wichtig, wie technische Perfektion. Ein Beispiel: Sie üben solange Schreibmaschine schreiben, bis Sie es schließlich schaffen, 100 Wörter pro Minute zu tippen. Ihre Technik wäre außergewöhnlich, aber deswegen können Sie noch lange keine guten Gedichte, Lieder oder Bücher schreiben. Das Gegenteil ist genauso richtig. Sie können Emotionen, Gefühle und Kreativität besitzen - ohne die richtige Technik, um sie zu vermitteln, kommen Sie aber trotzdem in Schwierigkeiten. Die Verbindung von Technik einerseits und kreativem Einfühlungsvermögen und Sensibilität andererseits schafft großartige Musik. Weshalb üben wir eigentlich? Wollen

Le langage, la pulsation et la couleur du rythme sont aussi contemporains et anciens que le temps lui-même. Le rythme parle au coeur de chaque personne, de toute culture. Il s'est emparé de moi et ne m'a jamais quitté. J'ai été percussionniste pendant 15 annés. Durant cette période, j'ai eu le bonheur de jouer ou d'enregistrer avec les grandes forces musicales créatives de notre temps. Ces occasions musicales m'ont permis de travailler dans de nombreux cadres différents; composition, arrangement, production d'oevres musicales pour la danse, le cinéma, la radio, la télévision ainsi que de jouer dans des centaines d'albums.

Quand l'on me demanda d'écrire ce livre, cela me força à quelques réflexions parce que je pensais que les musiciens n'avaient pas besoin d'un autre livre du style "Comment jouer de ....". Ne vous méprenez pas, ces livres sont utiles et efficaces, mais ils ne communiquent que très rarement, voir jamais, le langage, l'exaltation et les méthodes qui conduisent le musicien à ne pas devenir qu'un interprète très habile, mais, ce qui est beaucoup plus important, un musicien qui développe sa propre voix musicale. La musique est un langage!! Un moyen de communiquer que vous pouvez parler, à la condition d'employer vos instruments comme véhicules de vos paroles.

Combien de fois avez vous vu une interprétation publique ou entendu un enregistrement et où vous airez été, à la fin, impressionné par la technique des exécutants, mais ou rien de musical ne vous avait touché, ému. Tout ce qui avait été transmis, n'était que l'habileté technique que les musiciens possédaient. L'émotion, les sentiments et la manière unique dont les musiciens parlent au travers de leurs instruments est toute aussi importante que la technique qu'ils emploient. Laissez-moi vous donner un exemple. Si vous vous asseyez et apprenez la technique pour taper à la machine à 'ecrire et si vous vous entraînez énormément votre vitesse de frappe pourra s'élever à la vitesse incroyable de 100 mots à la minute et vous posséderez une technique exceptionnelle. Mon propos est que votre technique (ici la vitesse) ne signifiera pas automatiquement que vous serez capable d'écrire un poème, une chanson, un livre etc.

time to say these things is because people separate the way they practice and think about music from the way they perform. The most important fact for me is that we are always learning and reaching towards finding our own musical voice. The key is to be able to paint as a fine artist does with brush, canvas, and color images so strong that the listener's are transported to the vision you see and they become so captured by your musical story that they follow each musical page as it unfolds. This means beyond technique you must see something and evolve into a story teller; a weaver of dreams. Again, I must stress this is what makes you musically different from anyone else because no one sees exactly like you.

We all draw from other players and groups that we like a lot. When I first started playing conga drums, I listened to as many Cuban records as I could find. One Conguero who I drew from a great deal was named Tata Guines. The thing that made him special to me was his clarity and the musical way he played. I listened to many other conga players, namely Mongo Santamaria, Amando Peraza, Potato Valdez and others. I also learned from trap-set players such as Elvin Jones, Art Blakey, Max Roach and others. I learned and drew something different from each one of these players. When I began to play, I would practice predominantly Cuban music to begin with. After a while I included Brazilian and West African in my studies. Even as I began studying (from 10-12 hours per day, every day, for the first two years) I knew that I wanted to be more than just a conga player. It was easy to see that there were only a few conga players working and making a living. If you played only congas, you were only allowed to play limited types of music. It was a very typical situation for me to take my drums and try to sit in with the local and visiting jazz groups in San Francisco. The leader would tell me to go "sit over there, and he'd call me up when we would do a Latin tune". Usually this one tune was "Blue Bossa" or "Manteca". I might sit for an hour and a half, waiting to play this one tune. After playing that tune, I would wait another hour to play one more tune for the whole night. I knew then that I better create my own musical style, incorporating percussion instruments from all over the world. I could see that people needed to recognize that the percussion instruments could be used in all types of music: Jazz, Pop, R & B,

wir unser Publikum nur damit beeindrucken, wie schnell, laut und elegant wir spielen können? - dann werden wir nie Musiker werden. Techniker? - ja, aber nicht jemand, der andere Menschen innerlich anspricht. Der Grund, warum ich mir die Zeit nehme, diese Aspekte anzuschneiden ist der, daß ich glaube, daß für viele Musiker Üben und Aufführung zwei ganz verschiedene Dinge sind. Am wichtigsten ist für mich die Tatsache, daß wir immer lernen und danach streben, unsere eigene musikalische Stimme zu finden. Das Ziel dabei ist, musikalische Bilder zu malen - mit Pinsel, Leinwand und Farbe. Bilder, die soviel vermitteln, daß der Zuhörer das gespielte Bild sehen kann und von Ihrer musikalischen Erzählung so gefesselt ist, daß er jeden neuen Abschnitt mit Interesse verfolgt. Das heißt konkret - neben der Technik müssen Sie zum Geschichtenerzähler werden. Nur dies wird Sie von allen anderen Musikern wirklich unterscheiden, denn jeder sieht die Dinge nunmal etwas anders.

Natürlich werden wir alle von anderen Musikern und Gruppen beeinflußt. Als ich anfing Conga zu spielen, habe ich mir alle kubanischen Platten angehört, die ich mir beschaffen konnte. Von dem Conguero Tata Guines habe ich sehr viel übernommen. Beeindruckt hat mich bei ihm vor allem seine Musikalität und Klarheit. Ich habe mir auch viele Aufnahmen von Mongo Santamaria, Armando Peraza, Potato Valdez u.v.a. angehört. Von Drum Set Spielern wie Elvin Jones, Art Blakey, Max Roach und anderen habe ich ebenfalls sehr viel gelernt - von jedem etwas anderes. Zuerst habe ich vor allem kubanische Musik geübt; später dann auch brasilianische und westafrikanische. Schon als ich zu studieren begann (die ersten zwei Jahre habe ich jeden Tag 10 bis 12 Stunden geübt), wollte ich mehr als nur Congas spielen. Sehr bald war mir klar, daß es kaum Musiker gibt, die nur allein vom Conga spielen leben können. Wer nur Conga spielt schließt sich selbst von vielen anderen Musikstilen aus. Es kam vor, daß ich meine Congas nach San Francisco schleppte um bei einer Band mitzuspielen, den ganzen Abend aber vielleicht nur zwei- oder dreimal zum Zug kam, wenn die Band eine lateinamerikanische Nummer spielte - in der Regel "Blue Bossa" oder "Manteca". Meistens mußte ich eineinhalb Stunden warten, um ein Stück spielen zu dürfen, um dann nochmals eine Stunde für ein weiteres Stück zu warten.

L'inverse est vrai aussi. Vous pouvez ressentir toutes les catégories de sentiments, d'émotions et de perspicacités créatrices et être en difficulté si vous ne possédez pas les techniques appropriées pour les exprimer. Le mariage entre la technique, la perspicacité créatrice et la sensibilité est à la base de la musique de grande qualité. Pourquoi m'exercerais-je à travailler mon instrument? Si c'est seulement pour impressioner les gens avec la vitesse, la force, l'habileté avec lesquelles je joue, je ne deviendrai jamais un musicien; un technicien oui, mais non quelqu'un qui est capable de parler au coeur d'une autre personne. La raison pour laquelle je prends le temps de dire ces choses vient du fait que les gens séparent la façon de s'exercer et de penser la musique de la façon dont ils l'éxécutent. Pour moi, la chose la plus importante est que nous sommes constamment en train d'apprendre et de nous dépasser en recherchant notre voix musicale personelle. La clé, pour accéder à cela, est d'être capable de peindre, comme un excellent artiste le fait avec des pinceaux, un canevas, et de la couleur, des images si fortes que les auditeurs sont transportés vers la vision que vous apercevez et qu'ils deviennent si captivés par votre récit musical, qu'ils sont capables de suivre chaque page musicale, au fur et à mesure qu'elle se déroule. Ceci implique que derrière la technique vous devez voir quelque chose et évoluer, vous transformer en un conteur, un tisseur de rêves. Une fois de plus, je dois faire ressortir que c'est cela qui vous fait différent de tous les autres, car personne ne voit les choses exactement comme vous.

Nous apprenons beaucoup de tous les autres musiciens et groupes que nous aimons beaucoup. Quand j'ai commencé à jouer des congas, j'écoutais tous les enregistrements cubains que je pouvais trouver. Un joueur de congas (conguero) dont je retirais vraiment beaucoup s'appelait Tata Guinès. La chose qui me le rendait particulier était la clarté et la musicalité qu'il y avait dans son jeu. J'ai écouté beaucoup d'autres joueurs de congas, à savoir Mongo Santamaria, Armando Peraza, Potato Valdez et bien d'autres encore. J'ai aussi appris des musiciens tels que Elvin Jones, Art Blakey, Max Roach et bien d'autres. J'ai appris et j'ai emprunté quelque chose de différent à chacun de ces musiciens. Quand j'ai commencé à jouer, j'ai travaillé d'une façon prédominante la musique cubaine.

Gospel, etc., and not be put in one little corner. There's a saying that the percussionist (by this I mean the hand drummer, color percussionist) is the last hired, and the first to be fired. The percussionist was a luxury and not a necessity in contemporary music. This has changed somewhat over the past years that I've been playing. But the percussionist is till constantly seeking for the recognition he/she makes or could make. This is why it is important to be a student of your instruments. Always be aware of not only the rhythmic potential that your instruments have, but the melodic and harmonic structure of the music. Percussionists, in order to break down many of the stereotypes about their playing ("Anybody can play those instruments"; "It takes no real skill to play them", etc.) must strive to become more professional in every aspect of the music business. They must humbly share with other musicians and listeners the rich history of the instruments and the culture they come from. We percussionists must overcome the inferior feelings that somehow our instruments, that are made of simple wood, metals, animal skins, etc., are any less legitimate than any other instrument. I recognize that in Western culture, a violin is placed in much higher regard than a conga drum. But you should realize just the opposite is true in many other cultures.

Fifteen years ago Airto, myself and just a few others started incorporating percussion into many group situations. It isn't perfect now, but the percussionist has become an integral part in much of contemporary music, and we still have got a lot more to contribute and fight through.

Before there were congas, bongos, agogo bells, shekeres etc., humanity had desires and needs to express their inner feelings, and the things they observed in their environments. Rhythm is the most fundamental aspect of music. Through the pulse of the human heart beat, the seasons of the year, the cycles of the waves beating against the shores, rhythms declare the simple truth that they are the foundation of music of life.

It is difficult to express in words the concept that I have developed for my students over the past many years. When someone comes and wants to study with me, my first question is "Why?" I ask this because if it's only to learn playing techniques and various rhythms without getting in touch with the musical

Da wurde mir klar, daß ich meinen eigenen Stil entwickeln mußte, indem ich möglichst viele Perkussionsinstrumente aus der ganzen Welt in mein Repertoire aufnahm. Die Leute mußten erkennen, daß Perkussion in allen Stilrichtungen eingesetzt werden kann - Jazz, Pop, Rhythm & Blues, Gospel etc. - und nicht nur für einen kleinen Bereich. Man sagt "ein Perkussionist wird als letzter in die Band geholt und als erster wieder entlassen". Er war Luxus und nicht unbedingt notwendig in der modernen Musik. Obwohl sich das in den letzten Jahren ein wenig geändert hat, wird den Perkussionisten immer noch nicht die ihnen gebührende Anerkennung entgegen gebracht. Gerade deshalb ist es so wichtig diese Instrumente zu erlernen und sich immer die Möglichkeiten des Instrumentariums, sowohl was Rhythmen als auch Melodie und harmonische Struktur angeht, zu vergegenwärtigen. Um die bekannten, falschen Vorstellungen vieler Leute "jeder kann doch diese Instrumente spielen" oder "muß man das eigentlich lernen?" zu korrigieren, müssen Perkussionisten in allen Bereichen der Musik einfach mehr leisten als andere, um anerkannt zu werden. Wir müssen die Vielfältigkeit der Instrumente und die Kulturen, von denen sie abstammen anderen Musikern und Zuhörern vermitteln. Perkussionisten dürfen nicht glauben, daß ihre Instrumente, die in der Regel 'nur' aus Holzblöcken, Metall und Tierhäuten gefertigt sind, keine richtigen Intrumente seien. Natürlich nimmt die Geige in unserer westlichen Musikwelt einen höheren Stellenwert ein als die Conga. Bedenken Sie aber, daß für andere Kulturen gerade das Gegenteil zutrifft.

Vor 15 Jahren begannen Airto, ich und noch ein paar andere, Perkussion in den verschiedensten Bands einzusetzen. Wir sind noch lange nicht am Ziel, aber zumindest haben Perkussionisten heute in vielen Bereichen moderner Musik einen anderen Stellenwert wie noch vor 15 Jahren .

Lange bevor es Congas, Bongos, Agogo Bells, Shekeres oder ähnliches gab, hatten Menschen das Bedürfniss, Gefühle auszudrücken. Gefühle, die durch Dinge und Ereignisse ihres Lebensraums angeregt wurden. Der Herzschlag, die Jahreszeiten, die Brandung die gleichmäßig an der Küste wiederkehrt, sind Rhythmen, die von der einfachen Tatsache künden, daß der Rhythmus der Grundbaustein der Lebensmusik ist.

Es ist schwierig mein Lehrkonzept genau

Après un certain temps, j'incluais à mon travail la musique brésilienne et ouest-africaine. Même quand j'ai commencé à étudier (de 10 à 12 heures par jour, tous les jours, pendant les deux premières années), ja savais que je voulais être plus, que seulement un joueur de congas. Il était facile de se rendre compte qu'il y avait très peu de joueurs de congas qui travaillaient et gagnaient leur vie. Si vous jouez uniquement des congas, vous n'êtes autorisé qu'à jouer un nombre limité de musiques. C'était une situation extrêmement révélatrice pour moi, de prendre mes congas et d'essayer de m'asseoir avec les groupes locaux de jazz ou les groupes en déplacement à San Francisco. Le chef me disait d'aller m'asseoir "par là" et qu'il m'appelerait pour un morceau de caractère afro-cubain ("Latin tune"). Ce thème était habituellement *Blue Bossa* ou *Manteca*. Je pouvais rester assis une heure, une heure et demi à attendre de jouer ce morceau. Après avoir joué ce morceau, je pouvais attendre une autre heure encore pour jouer un seul autre morceau durant la nuit entière. Je compris qu'il valait mieux pour moi créer mon propre style musical incorporant des instruments de percussion du monde entier. Je peux constater que les gens ont besoin d'admettre que les instruments de percussion peuvent être employés dans toutes les catégories de musique: "Jazz", "variété", "Rhythm and Blues", "Gospel" etc. et non pas mis dans un petit coin. Il y un adage qui dit que le percussionniste (par ceci, je veux dire le joueur de tambour à mains, le percussionniste de couleur) est le dernier engagé et le premier "flanqué à la porte". Le percussionniste était un luxe et non une nécessité dans la musique contemporaine. Cela a changé quelque peu dans les années passées et pendant lesquelles j'ai joué. Mais le percussionniste est constamment en train de rechercher la reconnaissance qu'il (ou qu'elle) peut ou pourrait avoir. Ceci montre l'importance de ne pas vous satisfaire uniquement de l'étude de vos instruments. Soyez toujours conscients, non seulement du potentiel rythmique de vos instruments mais aussi de la structure harmonique et mélodique de la musique. Les percussionnistes, de façon à casser les stéréotypes nombreux se rapportant à leur jeu, ("tout le monde peut jouer ces instruments", "cela ne demande pas de capacités particulières pour en jouer" etc.) doivent s'efforcer de devenir plus

language that motivates the rhythms, they will be like a boat without a rudder. I want my students to be great players who are always moving towards realizing their own musical voice. There's nothing wrong with studying and even copying another percussionist's style, but if you stop there you're in trouble. You will never be able to be a Mongo Santamaria, Airto, or Kenneth Nash, but the opposite is true. No one will be able to express things like you.

zu beschreiben, das ich in vielen Jahren für meine Schüler entwickelt habe. Wenn jemand Unterricht bei mir nehmen will, frage ich zuerst "weshalb". Interessieren den Schüler nur Spieltechniken oder bestimmte Rhythmen, ohne in Berührung mit der musikalischen Sprache zu kommen, durch die diese Rhythmen entstehen, wird er später wie ein Boot ohne Ruder sein. Ich möchte, daß meine Schüler großartige Musiker werden, die danach streben, ihre eigene musikalische Stimme zu finden. Es ist nichts verwerfliches daran, andere Schlagzeuger zu kopieren, nur darf man da nicht aufhören. Keiner von Ihnen wird jemals ein Mongo Santamaria, Airto oder Kenneth Nash werden. Das Gegenteil ist genauso richtig - niemand wird in der Lage sein, Dinge so auszudrücken wie Sie.

professionel dans chaque aspect du travail du monde de la musique. Ils doivent modestement partager avec les autres musiciens et auditeurs la riche histoire des instruments et la culture dont ils sont issus. Nous les percussionnistes, devons surmonter les sentiments d'infériorité que nos instruments, d'une façon ou d'une autre, qui sont fabriqués avec des bois ordinaires, métaux, peaux animales, ne sont pas aussi légitimes que tout autre instrument. Je reconnais que dans la culture occidentale, un violon jouit d'une considération, d'une estime beaucoup plus grande que celle accordeé aux congas. Nous devrions réaliser que l'inverse est vrai dans beaucoup d'autres cultures.

Quinze années auparavant, Airto moi-même et juste quelques autres commençions à incorporer les percussions dans de nombreuses situations de groupe. La situation n'est pas parfaite maintenant, mais le percussionniste est devenu une partie intégrante dans la plus grande partie de la musique contemporaine, et nous avons encore beaucoup à contribuer et à nous battre.

Avant que n'existent les congas, les bongoes, l'agogo, le shaker etc. l'humanité avait des désirs et avait besoin d'exprimer ses sentiments et les choses qu'elle observait dans son environnement. Le rythme est l'aspect le plus fondamental de la musique. Au travers de la pulsation des battements du coeur humain, des saisons de l'année, des cycles des vagues battant les rivages, les rythmes proclament la vérité simple qu'ils sont la fondation de la musique de la vie.

Il est difficile d'exprimer avec des mots le concept que j'ai développé pour mes élèves au cours de ces nombreuses années passées. Quand quelqu'un vient et veut étudier avec moi, ma première question est "Pourquoi?". Je demande cela parce que si c'est pour étudier seulement les techniques de jeu, les différents rythmes sans entrer en contact avec le langage musical qui motivent les rythmes, ils seront comme le bateau dépourvu de gouvernail. Je désire que mes élèves soient de très bons musiciens toujours en train d'aller de l'avant pour réaliser leur voix musicale propre. Il n'y a rien de mal dans le fait d'étudier, voir copier le style d'un autre percussionniste, mais si vous vous contentez de cela, vous serez en difficulté. Vous ne serez jamais capable d'être un Kenneth Nash, Mongo Santamaria, Airto etc. Mais l'inverse est vrai. Personne d'autre ne sera capable d'exprimer les choses comme vous.

2 *The Circular Concept*

I want you to think about musical phrases moving in circles. It is important for several reasons. In a circle there is no beginning or ending, and therefore, you learn that the end of one phrase or thought can become the beginning of another. Many times, especially in soloing, players sounds like they are practicing all the things they studied at their house, rather then making musical (poetic) statements. The reason is their phrases are fragmented, and they aren't speaking in a way where the phrases are strung together to make a true statement. Remember music is a language and you are speaking through your instrument. There must be a logic to it.

We begin now a simple concept that if practiced and more importantly, internalized, will give you a concept and feel that will help your playing a great deal. It is important that you practice this enough that you 'see' what's happening. The thing that separates great players from good players is that great players see something, and with their instrument paint pictures for others to see.

Even though this book graphically emphasizes the rhythmic musical traditions of some cultures, it's most important for you to become a creative pioneer, drawing from the past to create an ever-growing rhythmic tradition for today.

Denken Sie bei musikalischen Phrasen an Kreisbewegungen. Das ist aus mehreren Gründen sehr wichtig. Der Kreis hat weder einen Anfangs- noch einen Endpunkt und so kann der Abschluß einer Phrase oder eines musikalischen Gedankens zum Beginn einer neuen Phrase werden. Oft klingt das Spiel eines Musikers - ganz besonders bei Soli - wie eine Vorführung all der Übungen, die zu Hause geübt wurden, und es ist alles andere als eine musikalische (poetische) Aussage. Der Grund dafür ist: die Phrasen sind oft Bruchstücke ohne Zusammenhang und ohne klare Aussage. Wir dürfen nicht vergessen, Musik ist eine Sprache und wir sprechen mit Hilfe unseres Instrumentes. Es muß eine Logik erkennbar sein.

Wir beginnen nun mit einem einfachen Konzept. Das Üben, und noch wichtiger das Verinnerlichen dieses Konzepts, wird Ihre musikalischen Fähigkeiten enorm erweitern. Es ist sehr wichtig, diese Übungen genügend zu üben, damit sie sozusagen in Fleisch und Blut übergehen. Großartige Musiker unterscheiden sich von guten Musikern durch die Fähigkeit, kreative Visionen für den Zuhörer in musikalische Klangfarben oder Tongemälde übertragen zu können.

Diese Buch beschäftigt sich vor allem mit den rhythmisch, musikalischen Traditionen einiger Kulturen. Es ist jedoch sehr wichtig, daß jeder zu einem kreativen Pionier wird, der aus der Tradition schöpft und so immer wieder Neues kreiert.

J'aimerais que vous pensiez à des phrases musicales qui se déplacent en boucles, en cercles. C'est important pour de nombreuses raisons. Dans un cercle, iln'y a pas de début, ni de fin, et par conséquent, vous apprenez que la fin d'une phrase ou d'une pensée peut devenir le début d'une autre. Très souvent, et particulièrement en solo, certains musiciens sonnent souvent comme s'ils étaient en train de répéter toutes les choses étudiées à la maison, au lieu de faire des formulations musicales (poétiques). La raison en est que leurs phrases sont fragmentées et qu'elles ne sont pas reliées entre elles pour faire une véritable formulation. Ceci ne veut pas dire qu'il n'y a qu'une seule façon de faire un solo, mais cela signifie que quelque soit la façon que vous choisissez de faire votre solo, rappelez vous que la musique est un langage et que vous être en train de parler au travers de votre instrument. Il doit avoir sa propre logique.

Nous allons commencer maintenantavec un concept simple, qui, s'il est pratiqué, et mieux encore: intériorisé, vous donnera une conception et un toucher qui amélioreront votre jeu d'une façon très sensible. Il est important que votre entraînement soit suffisant pour que voyez ce qui se passe.Ce qui sépare les meilleurs musiciens des bons musiciens, c'est que les musiciens de très haut niveau voient quelque chose, et qu'ils peignent avec leurs instruments des images qu'ils donnent à voir aux autres. Veuillez vous rappeler, malgré tout, que si cet ouvrage met

l'accent d'une façon vivante sur les traditions musicales rythmiques de nombreuses cultures, il est beaucoup plus important pour vous de devenir un novateur puisant dans le passé, pour créer de nos jours, une tradition rythmique se développant sans cesse.

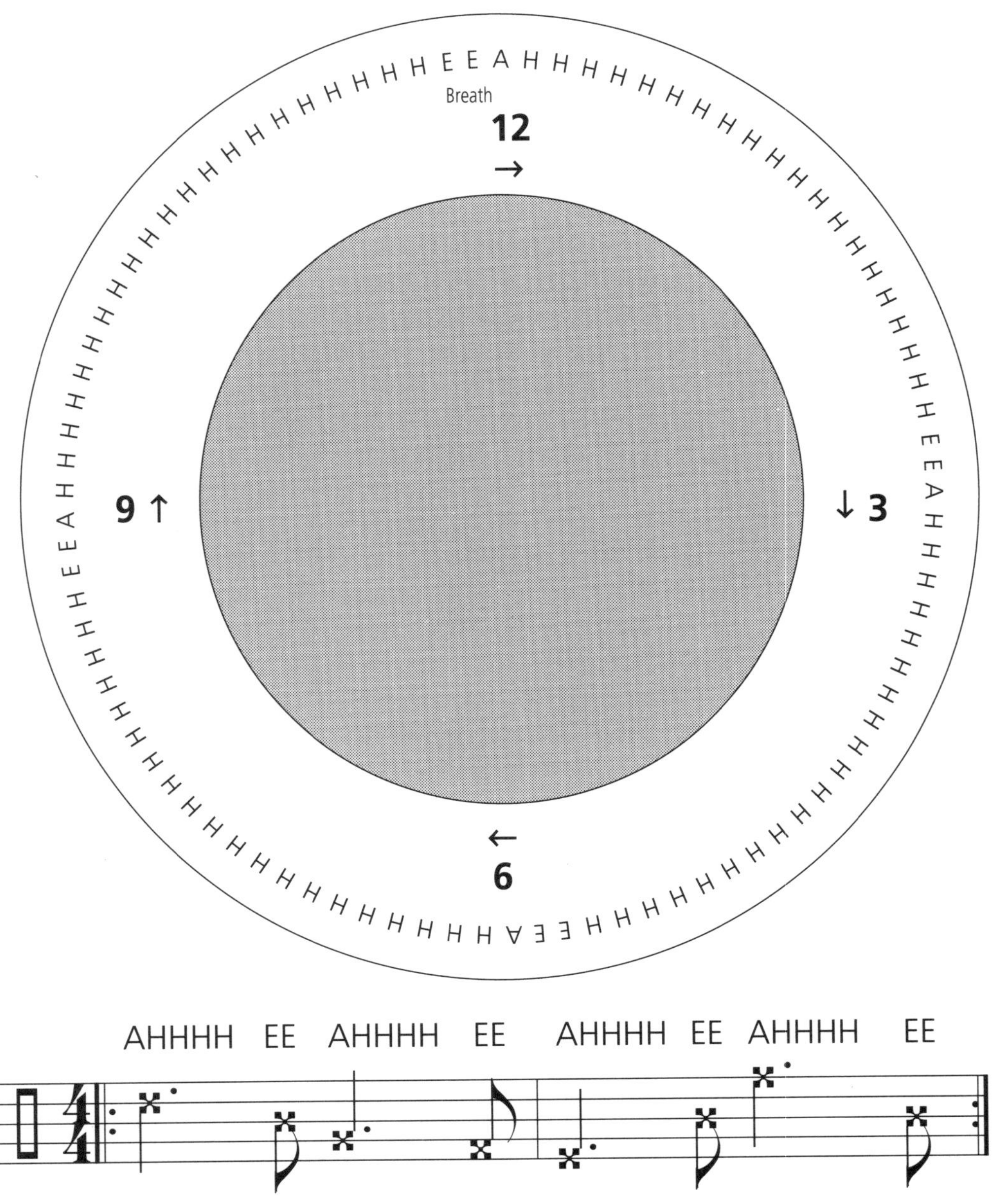

EE = Short - Call - Tension
AHHH = Long - Response - Release
EE equals a short staccato sound, and
AHHH is a long legato sound.

The reason these sounds are used is to create our own language so we can have something common to us as we study, and because we want to create movement in our circle. In order to create movement in any system there must be tension and release. You must picture the EE sound accented and pushing AHHH around to the next EE, and so on and so forth continously. AHHH is equal to the release. I have placed 12, 3, 6, 9 as hours on a clock so you can see where you are in the circle. We will be moving clockwise in the circle. When you begin to practice the circular pulse, first only sing the phrase starting with

EE = kurz - Frage - Spannung
AHHH = lang - Antwort - Entspannung
EE ist ein kurzer staccato Klang
AHHH ist ein langer legato Klang.

Wir benützen diese Klänge als unsere eigene, gemeinsame Sprache und um mit ihr Bewegung in unserem Kreis zu erzeugen. Damit in einem System Bewegung ensteht, muß es Spannung und Entspannung geben. Stellen Sie sich den EE Klang akzentuiert vor und wie er den AHHH Klang vorwärts treibt, bis zum nächsten EE, usw., usw. - ununterbrochen. AHHH ist gleich Entspannung. Ich habe nun die Zahlen 12, 3, 6, 9 - wie bei einer Uhr - im Kreis plaziert. Wir bewegen uns im Uhrzeigersinn im Kreis herum. Wenn Sie anfangen den Kreispuls zu üben, singen Sie zuerst die Phrase, indem Sie mit dem AHHH

EE = court - appel - tension.
AHHH = long - réponse - détente.
EE équivant à un son court staccato, et AHHH est un son long et legato (lié).

La raison pour laquelle nous emploierons ces sons est la suivante: créer notre propre langage pour posséder un vocabulaire commun pour entreprendre notre étude. Une autre raison pour laquelle, j'emploie ces mots est que je veux créer le mouvement dans notre cercle. Pour créer le mouvement, dans tout système, il faut avoir tension et détente. Vous devez vous représenter le son EE accentué et pousser le son AHHH jusqu'au suivant EE, et ainsi de suite continuellement. AHHH équivaut à la détente. J'ai placé les nombres 12, 3, 6, 9 comme des heures sur une horloge de façon à ce que vous puissiez voir votre

the AHHH at 12 o'clock. Put a different pitch on each AHHH with the lowest pitch at 6 o'clock and highest pitch at 9 o'clock. This is to create movement around the circle. If you sang this with the same pitch on all AHHH's and EE's, the pulse wouldn't travel. (This would be singing the pulse in a monotone).

First practice this concept putting the same pitch on each AHHH and EE. You will see that even though you close your eyes and imagine this pulse traveling in a circle, you will notice nothing will move inside of you. This circular concept is designed to help you sense or feel rhythm in a round or circular fashion.

Since we are singing through our instrument we must always be aware of melody. Now we will sing the pulse using different pitches on AHHH and EE and we will see that we can sense the pulse now travels. Notice that the highest pitch is at 9 o'clock and the lowest pitch is at 6 o'clock. This is to create movement to help push you around the back side of the circle.

bei 12 Uhr beginnen. Nehmen Sie für jedes AHHH eine andere Tonhöhe, wobei das AHHH bei 6 Uhr den tiefsten, das AHHH bei 9 Uhr den höchsten Ton hat. So schaffen wir Bewegung innerhalb des Kreises. Würden alle AHHHs und EHHHs in derselben Tönhöhe gesungen werden, würde der Puls nicht im Kreis wandern und es klänge monoton.

Üben Sie dieses Konzept zunächst ohne die Tonhöhen zu ändern. Sie werden feststellen, daß sich in Ihrem 'Innern' nichts bewegt, selbst wenn Sie die Augen schließen und sich vorstellen: "der Puls bewegt sich". Dieses 'Kreiskonzept' ist so angelegt, daß es einem hilft, Rhythmus auf eine runde oder kreisförmige Art zu fühlen und zu empfinden.

Da Sie mit oder durch Ihr Instrument 'singen', muß Ihnen die Melodie immer bewußt sein. Wenn wir nun den Puls auf AHHH und EE mit verschiedenen Tönen singen, spüren wir, wie der Puls im Kreis wandert. Beachten Sie: der höchste Ton ist bei 9 Uhr, der tiefste bei 6 Uhr. Das ist notwendig, um innerhalb des Kreises Bewegung zu erzeugen.

position sur le cercle. Nous nous déplacerons dans le sens des aiguilles d'une montre sur une cercle. Quand vous commencez à travailler la pulsation circulaire, chantez uniquement la phrase commençant sur chaque "AHHH" à midi. Mettez un son de hauteur différente sur chaque AHHH avec le son le plus grave à 6 heures et, le son le plus aigu à 9 heures. Ceci afin de créer un mouvement dans le cercle. Si vous chantiez ceci avec un son identique sur tous les "AHHH" et "EE", la pulsation ne se déplacerait pas. (Vous chanteriez la pulsation d'une façon monocorde). Travaillez premièrement ce concept en mettant un son de même hauteur sur chaque "AHHH" et chaque "EE", vous vous rendrez compte que même si vous fermez les yeux et imaginez la pulsation voyageant dans le cercle, rien ne bouge à l'intérieur de vous-même. Ce concept circulaire a été créé pour vous aider à sentir et à toucher le rythme d'une manière ronde et circulaire. Etant donné que vous êtes en train de chanter au travers de votre instrument, nous devons être conscient de la mélodie. Maintenant nous chanterons la pulsation en employant des sons de hauteurs différentes sur les "AHHH" et "EE" et nous nous rendrons compte que nous sentons maintenant la pulsation se déplacer.

Remarquez que le son le plus aigu se trouve à 9 heures et que le son le plus grave se trouve à 6 heures. Ceci afin de créer un mouvement qui vous aidera à vous pousser vers le côté montant du cercle.

Exemple

Notice that AHHH travels the whole distance up to the next EE. It is important to sing the AHHH long so that the pulse can have a continous flow. Let me explain why this is so important. When you begin to play this pulse on your body or another instrument you will have to imagine the beat that comes on AHHH sustaining for the full length up to the next EE. Because most instruments we play have a short sustain, the only way that the beat can continue is inside of us. If you really work at developing this concept, you will find your playing to have much more of a flow and song to it. What we are doing in this exercise is creating a pulse in which rhythms can ride on, and training ourselves to sense these pulses and rhythms in a circular movement. This will be helpful beyond

Wir sehen, wie unser AHHH die ganze Strecke bis zum nächsten EE wandert. Es ist wichtig, das AHHH lange zu singen, um den Puls nicht zu unterbrechen. Lassen Sie mich erklären, weshalb das so wichtig ist. Wenn Sie anfangen diesen Puls auf dem eigenen Körper oder einem anderen Instrument zu spielen, müssen Sie sich den Schlag auf AHHH in seiner ganzen Länge bis zum nächsten EE vorstellen; da aber die meisten Schlaginstrumente nur kurz nachklingen, können wir den Schlag nur in unserem Innern in der vollen Länge ausklingen lassen. Wenn Sie konzentriert an diesem Konzept arbeiten, werden Sie feststellen, wie Ihr eigenes Spiel flüssiger und melodiöser wird. Durch das Schaffen eines Pulses geben wir den Rhythmen einen Bewegungsraum und lernen selbst, sowohl

Remarquez que le son "AHHH" se déplace sur toute la distance jusqu'au "EE" suivant. Il est important de chanter le son "AHHH" long de façon à ce que la pulsation ait un déroulement continue. Laissez moi expliquer pourquoi cela est si important. Quand vous commencez à jouer cette pulsation sur votre corps ou sur un autre instrument vous aurez à imaginer que le coup arrivant sur le son "AHHH" se poursuit dans toute sa longueur jusqu'au prochain "EE". Etant donné que la plupart des instruments que nous jouons ont une durée de résonance courte, la seule façon que le son ait de durer est de le continuer à l'intérieur de nous. Si vous travaillez réellement à développer ce concept, vous constaterez que votre jeu gagnera en fluidité et possédera un caractère chanté plus marqué.

creating a solid musical feel. When average players begin to learn how to play they unconciously play loud and fast. Why? He/she thinks that this is the only way they can excite a listener, but more importantly, they are trying to create energy and momentum. It is much easier to attempt to play something fast, and much harder to play a slower or medium tempo rhythm because of the space and flow it requires for the right feel.

Now lets take a breath on the EE before the AHHH at 12 o'clock. Take a short breath (through the nose only).

Puls als auch Rhythmen in einer Kreisbewegung zu empfinden. Dies wird sich für ein solides musikalisches Empfinden und darüber hinaus als nützlich erweisen. Jeder durchschnittliche Musiker spielt in der Regel am Anfang unbewußt laut und schnell. Warum? Zum einen glaubt er nur so die Zuhörer begeistern zu können, und zum anderen - was noch wichtiger ist - versucht er so, Energie und Schwungkraft zu erzeugen. Es ist in der Regel leichter etwas schnell zu spielen, als in einem langsamen oder mittleren Tempo, da diese Rhythmen mehr Raum und Fluß für das richtige *Feeling* brauchen.

Beim EE vor dem 12 Uhr AHHH atmen wir kurz ein (nur durch die Nase).

Dans cet exercice, nous travaillons à créer une pulsation sur laquelle les rythmes pourront se mouvoir aisément et nous nous entraînons à ressentir ces pulsations et ces rythmes dans un mouvement circulaire. Cela nous aidera plus tard à créer un sentiment musical solide. Quand le musicien moyen commence à apprendre à comment jouer, il joue inconsciemment fort et vite. Pourquoi? Il/elle pense que c'est la seule manière qui existe de communiquer de l'excitation à l'auditeur, et plus important encore, ils essaient de créer de l'energie et un élan. Il est plus facile de tenter de jouer quelque chose de rapide, et beaucoup plus difficile de jouer un rythme à un tempo plus lent ou modéré étant donné la notion d'espace et la fluidité que cela requiert pour obtenir la sensation vraie.

Maintenant prenons une respiration sur le son "EE" avant le "AHHH" de 12 heures. Prenez une courte respiration (par le nez seulement).

Exemple

Regular breathing is important to incorporate in your playing because most people hold their breath when they play. This creates tension and stress on the body and in your playing. Instead of saying the EE before the AHHH at 12 o'clock, you take a short breath rhythmically right at the EE and continue to sing the pattern (without breaking the rhythm). Take a breath every other time around the circle.

Next clap the pulse out with your hands and continue to sing it out loud at the same time. Try to imagine the clap on AHHH sustaining inside you as long as your voice sustains. Remember, these simple concepts will be the foundation for studying all other rhythms in the future.

Es ist sehr wichtig, während des Spielens regelmäßig zu atmen - viele Schlagzeuger halten den Atem an. Dadurch kommt es im Körper und im Spiel zu Verspannungen und Stress. Anstelle des EE vor dem 12 Uhr AHHH atmen wir also kurz und im Rhythmus und fahren fort, die Figur zu singen (ohne den Rhythmus zu unterbrechen). Bei jeder zweiten Kreisbewegung einmal atmen.

Nun klatschen wir den Puls und singen ihn gleichzeitig laut. Versuchen Sie das Klatschen auf AHHH innerlich so lange klingen zu lassen, wie das AHHH selbst klingt. Denken Sie daran, daß dieses Konzept von nun an das Fundament zum Studium aller Rhythmen ist.

Il est important d'incorporer dans votre jeu une respiration régulière, parce que de nombreux musiciens retiennent leur souffle lorsqu'ils jouent. Ceci crée une tension qui s'accentue dans votre corps et votre jeu. Au lieu de prononcer le son EE avant le son AHHH de 12 heures, vous prenez une courte respiration ; rythmiquement juste sur EE et vous continuez de chanter le motif rythmique (sans briser le rythme). Prenez votre souffle une fois sur deux autour du cercle. Puis frappez la pulsation avec vos mains et continuez de chanter très fort en même temps. Essayez d'imaginer le claquement de vos mains sur "AHHH" qui se maintient en vous aussi longtemps que votre voix dure.

Lets get more of the body involved. Use your body as a drum (body percussion). For now, the right hand will lead, and everything is stroked hand to hand. If you are left handed just reverse everything here. In the following example

K = knees,
T = thighs,
S = stomach,
C = chest and
HC = hand claps.

Wir wollen nun unseren Körper etwas umfassender in dieses Konzept mit einbeziehen. Benützen Sie Ihren Körper wie ein Perkussionsinstrument (body percussion). Die rechte Hand wird zunächst unsere Führungshand sein und alles soll abwechselnd (rechtslinks) gespielt werden. Linkshänder machen es genau umgekehrt. Im folgenden Beispiel ist

K = Knie,
T = Oberschenkel,
S = Bauch,
C = Brustkorb und
HC = Händeklatschen.

Rappelez vous bien ceci: tous ces concepts simples constituent le fondement, la base qui servira à étudier tous les autres rythmes, dans le futur. Impliquons davantage notre corps dans l'expérience. Employez votre corps comme s'il était un tambour. Pour le moment, la main droite dirigera et tout sera frappé une main suivant l'autre. Si vous êtes gaucher, inversez tout ceci. Dans l'exemple suivant

K = genoux,
T = cuisses,
S = estomac,
C = poitrine et
HC = claquements de mains.

Next play the same rhythm and add a hand clap on EE of '3and' in the second measure.

Als nächstes spielen Sie denselben Rhythmus und klatschen bei EE von '3und' im zweiten Takt in die Hände.

Puis jouez le même rythme et ajoutez un claquement de mains sur le EE de la fin du troisième temps dans la seconde mesure.

Next make up some rhythms you can play on your body using the circular pulse, but add different accents on the pulse. Many of the rhythms we will study in the Cuban, Brazilian or West African traditions will have implied 2 rhythm played against a 3 rhythm. I want to introduce this feel as a body percussion exercise.

Erfinden Sie nun eigene Rhythmen indem Sie auf Ihrem Körper trommeln und den Kreispuls verwenden, aber an unterschiedlichen Stellen akzentuieren. Bei vielen der kubanischen, brasilianischen oder westafrikanischen Rhythmen, die wir lernen werden, ist ein Zweier- von einem Dreierrhythmus überlagert. Ich möchte dieses *Feeling* mit einer *Body Percussion* Übung einführen.

Puis, faites quelques rythmes que vous pouvez jouer sur votre corps en se servant de la pulsation circulaire mais en ajoutant des accents différents sur la pulsation. De nombreux rythmes que nous étudierons dans les traditions cubaines brésiliennes ou d'Afrique occidentale impliqueront des rythmes à 2 temps joués contre/ou en même temps que des rythmes à 3 temps. Je veux introduire ici le sentiment particulier, que l'on éprouve à jouer ce rythme, en me servant d' un exercice de percussion corporel.

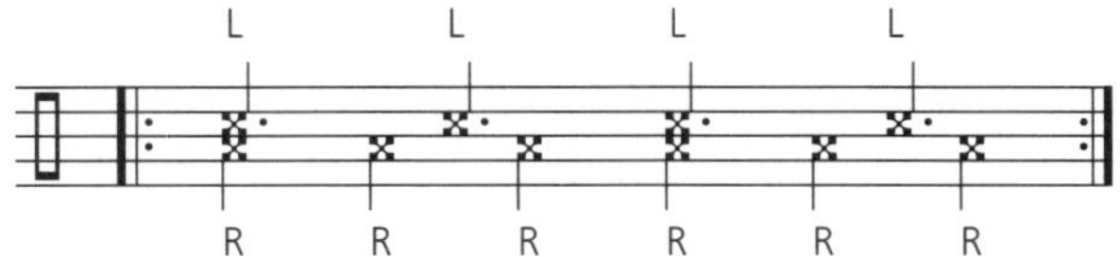

Play this rhythm on your thighs (hand to hand).

Dieser Rhythmus soll (alternierend) auf den Oberschenkeln gespielt werden.

Jouez ce rythme sur vos cuisses (une main après l'autre).

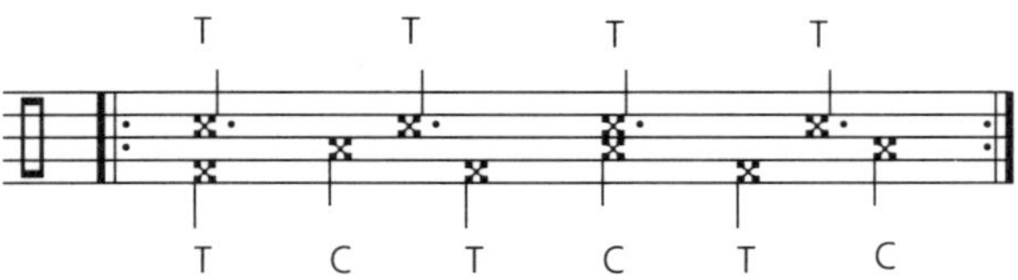

Right hand alternates between thigh and chest (listen for the melody).

Die rechte Hand wechselt zwischen Oberschenkel und Brustkorb. (Hören Sie auf die Melodie).

La main droite alterne entre la cuisse et la poitrine (écoutez la mélodie).

3 *Afro-Cuban Clave Rhythms*

When black people were taken from Africa and dropped in Cuba as slaves, the seed of a new musical form was birthed. Afro-Cuban Music is a combination of African and Spanish cultures. If you want to get close to really experiencing the feelings of any musical tradition, you should spend as much time learning about the culture and language of the people as possible. In the case of Afro-Cuban music, Africans brought with them their language, music, religion, etc., and over many years merged this with the Spanish culture and traditions. This incredible marriage has created a music that has influenced more cultures and musical eras than any other.

The fundamental and most important rhythmic pattern in Cuban (Latin) music is called *clave*. This was adapted from a five note pattern called *Cinquillo*. This pattern evolved from some early Spanish rhythmic forms used in Spanish dances. Because Cuban music is such a dominant influence in music in general, we will study the music and instruments of Latin music, especially Cuban.

Clave is not only a name of the rhythm that represents the heartbeat of Cuban music, but it is also the name of the two sticks that are struck together to make the rhythm. I'm going to give you a series of exercises to help you not only learn clave (3/2 and 2/3), but various paila patterns as well as basic foot patterns that should be used to help create the right feel for these rhythms. What should be noted is that no matter what level of playing you are at you must learn these rhythms and movements correctly, so that the way you play has the right feel.

Eine neue Musikform wurde geboren, als schwarze Sklaven von Afrika nach Kuba verschleppt wurden. Afro-kubanische Musik ist eine Vermischung afrikanischer und spanischer Kulturen. Wenn man die Gefühle fremder Musiktraditionen erfahren und kennenlernen will, sollte man so viel wie irgend möglich von der Kultur und Sprache der jeweiligen Volksgruppe lernen. Was die afro-kubanische Musik angeht, so haben die Afrikaner ihre Sprache, Musik, Religion etc. mitgebracht, und im Laufe vieler Jahre hat sich das alles mit spanischer Kultur und Traditionen vermischt. Aus dieser unglaublichen 'Ehe' ging eine Musik hervor, die ihrerseits starken Einfluß auf andere Kulturen und deren Musik nahm und nimmt, wie kaum eine andere.

Die fundamentalste und wichtigste rhythmische Figur der kubanischen (Latin) Musik heißt *Clave*. Der Clave-Rhythmus entstand aus der *Cinquillo* - einer Figur aus 5 Noten. Diese Figur wiederum stammt von alten spanische Tanzrhythmen. Da kubanische Musik generell einen sehr großen Einfluß auf populäre Musik im weitesten Sinn hat, werden wir uns der Musik und den Instrumenten der sogenannten *Latin Music* allgemein und der kubanischen ganz besonders widmen.

Der Begriff *Clave* beschreibt nicht nur die rhythmische Figur, die der Herzschlag kubanischer Musik ist, sondern er ist auch der Name der beiden Holzstäbe die aneinandergeschlagen eben diesen Rhythmus erzeugen. Wir werden in verschiedenen Übungen nicht nur den Clave-Rhythmus (3/2 und 2/3) kennenlernen, sondern auch verschiedene Paila-Figuren sowie grundlegende Fußfiguren, mit deren Hilfe wir das richtige Gefühl für diese Rhythmen entwickeln können. Dabei kommt es nicht darauf an, ob man nun Anfänger oder Profi ist - in jedem Fall müssen diese Rhythmen und Bewegungsabläufe gewissenhaft eingeübt werden.

Quand les populations noires furent emmenées d'Afrique et déposées à Cuba comme esclaves, les graines d'une forme musicale nouvelle étaient écloses. La musique Afro-cubaine est la combinaison des cultures africaine et espagnole. Si vous voulez vraiment vous rapprochez d'un peuple, afin de pouvoir ressentir les sentiments de n'importe quelle tradition musicale, vous devrez passer le plus de temps possible à étudier la culture et le langage de ce peuple. Dans le cas de la musique Afro-cubaine, les Africains apportèrent avec eux leur langage, leur musique, leur religion etc. qui après de nombreuses années se mélangèrent à la culture et aux traditions espagnoles. Cet incroyable mariage a engendré une musique qui a influencé plus de cultures et de domaines musicaux qu'aucune autre.

Le motif rythmique fondamental et le plus important dans la musique cubaine (latine) est appelé "clavé"*. Ce rythme fut adapté d'un motif de cinq notes appelé "Cinquillo". Ce motif s'est développé à partir des formes anciennes rythmiques employées dans la danse espagnole. Parce que la musique cubaine est d'une influence tellement dominante dans la musique en général, nous étudierons la musique et les instruments de la musique latine et spécialement cubaine.

Le(s) "clavé" n'est pas seulement le nom d'un rythme qui représente le battement de coeur de la musique cubaine, mais c'est aussi le nom des deux morceaux de bois qui sont frappés l'un contre l'autre, pour faire le rythme. Je vais vous donner une série d'exercices pour vous aider, non seulement à étudier le clavé (en 3/2 et 2/3), mais aussi des motifs de "paila" et des motifs fondamentaux que l'on exécutent avec les pieds. Tous ces motifs doivent être employés pour vous aider à créer l'atmosphère exacte correspondant à ces rythmes. Ce qui doit être remarqué, c'est que, quelque soit le niveau d'habileté que vous ayez atteint, vous devrez étudier ces rythmes et ces mouvements correctement, de façon que votre manière de jouer donne l'impression d'être juste.

* "clave" prononcez "clavé"

Example #1 is the circular rhythm that was introduced. It is the foundational pulse in which these other patterns will ride upon. Remember to put different pitches on each AHHH with the lowest pitch on the first beat of the second bar, and the highest pitch on beat '3' of the second bar. Take a breath through the nose each time where marked (*).

Beispiel 1 stellt den kreisenden Puls vor. Er ist der Basispuls, auf den alle anderen Figuren aufbauen. Vergessen Sie bitte nicht, allen AHHHs - wie zuvor beschrieben - verschiedene Tonhöhen zu geben, mit dem tiefsten Ton auf dem ersten Schlag des zweiten Taktes und dem höchsten Ton auf der '3' desselben Taktes. Atmen Sie an der markierten (*) Stelle durch die Nase ein.

L'**exemple 1** est le rythme circulaire qui a été mis en place au début de cet ouvrage. Il constitue la pulsation de base sur laquelle tous les autres motifs rythmiques se déplaceront. Rappelez vous de mettre des sons de hauteur différente sur chaque AHHH avec le son le plus grave sur le premier temps de la seconde mesure, et le son le plus aigu sur le troisième temps de la seconde mesure. Prenez votre respiration par le nez chaque fois que cela est marqué (*).

Example #2: Slowly sing the circular pulse (top line) and clap with your hands the 3/2 clave.

Beispiel 2: Singen Sie langsam den Kreispuls (obere Zeile) und klatschen Sie dazu den 3/2 Clave-Rhythmus.

Dans l'**exemple 2** chantez lentement la pulsation circulaire (ligne du haut) et frappez dans vos mains le clavé à 3/2.

Example #3: After you feel comfortable with #2, now incorporate some foot movement. This coupled with the singing pulse will greatly help you in sensing clave correctly. The symbol '+' represents your foot hitting the floor, and 'o' represents your foot moving up and traveling to the next step. At first you will look like you are marching, but eventually it will flow, and it will feel more like a dance.

Beispiel 3: Sobald Sie mit Beispiel 2 klar kommen, wollen wir etwas Fußbewegung mit einbeziehen. Bei '+' treten wir mit dem Fuß auf den Boden, bei 'o' heben wir den Fuß, um den nächsten Schritt vorzubereiten. Zuerst wird das Ganze ein wenig aussehen, als ob Sie marschieren würden. Allmählich wird es flüssiger werden und etwas tänzerischer wirken.

Exemple 3: quand vous vous sentez à l'aise avec l'exemple 2, incorporez maintenant quelques mouvements de pieds. Ces mouvements couplés avec la pulsation chantée vous aideront beaucoup à ressentir correctement le rythme *clavé*. Le symbole '+' représente votre pied frappant le sol, et 'o' représente votre pied remontant et se dirigeant vers le mouvement suivant. Dans un premier temps vous aurez l'impression de marcher, mais finalement l'enchaînement deviendra fluide et vous aurez l'impression de danser.

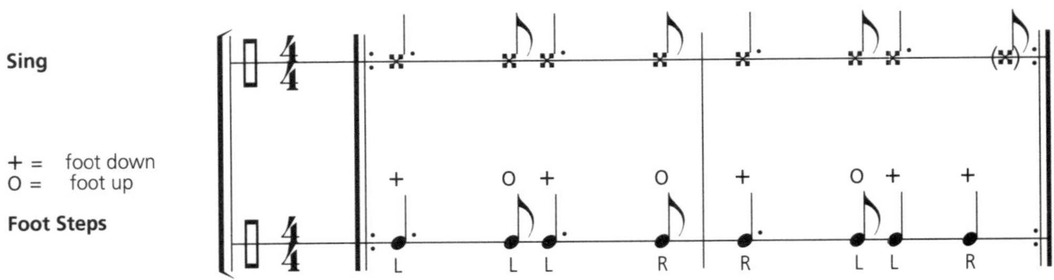

Example #4 has three elements, and should be started very slowly. Sing the pulse on line #1, clap the 3/2 clave on line #2, and move your feet to the steps on line #3. Take your time. You should get it.

Beispiel 4 besteht aus drei Teilen und sollte sehr langsam begonnen werden. Singen Sie den Puls der 1. Zeile, klatschen Sie den 3/2 Clave der 2. Zeile dazu und bewegen Sie Ihre Füße wie in Zeile 3 angegeben. Lassen Sie sich viel Zeit, dann klappt die Sache auch.

L'**exemple 4** possède trois éléments et doit être abordé très lentement. Chantez la pulsation de la ligne 1 (la plus haute sur la portée), frappez le clavé à 3/2 de la ligne 2 et battez des pieds en suivant la ligne 3. Prenez votre temps. Vous devez y arriver.

Example #5 is the introduction of the 2/3 clave. (This rhythm is the reverse of the 3/2 clave: the 2nd bar of 3/2 becomes the first bar of the 2/3 clave.) Practice clapping this 2/3 clave out as you sing the pulse on the line above.

Beispiel 5 stellt den 2/3 Clave vor. (Der 2/3 Clave ist die Umkehrung des 3/2 Clave, der zweite Takt des 3/2 Clave wird zum ersten Takt des 2/3 Clave). Versuchen Sie nun den 2/3 Clave zu klatschen, während Sie den Puls der ersten Zeile singen.

L'**exemple 5** introduit le clavé en 2/3. (Ce rythme est l'inverse du clavé en 3/2: la deuxième mesure du clavé 3/2 devient la première mesure du clavé en 2/3). Entraînez vous à battre ce clavé en 2/3 en même temps que vous chantez la pulsation écrite au dessus.

Example #6 introduces the feet movement for the 2/3 clave. It is a little simpler movement with signs '+' and 'o' meaning the same as in example #3. Sing the pulse and dance the foot steps to 2/3 clave.

In **Beispiel 6** kommt zum 2/3 Clave Fußbewegung dazu. Die Bewegung ist etwas einfacher; die Zeichen '+' und 'o' haben dieselbe Bedeutung wie in Beispiel 3. Singen Sie den Puls und tanzen Sie die Schritte zum 2/3 Clave.

L'**exemple 6** introduit le mouvement de pied pour le clavé en 2/3. C'est un mouvement légèrement plus simple avec des signes '+' et 'o' signifiant la même chose que dans l'exemple 3. Chantez la pulsation et dansez la ligne indiquant le battement des pieds correspondant au clavé en 2/3.

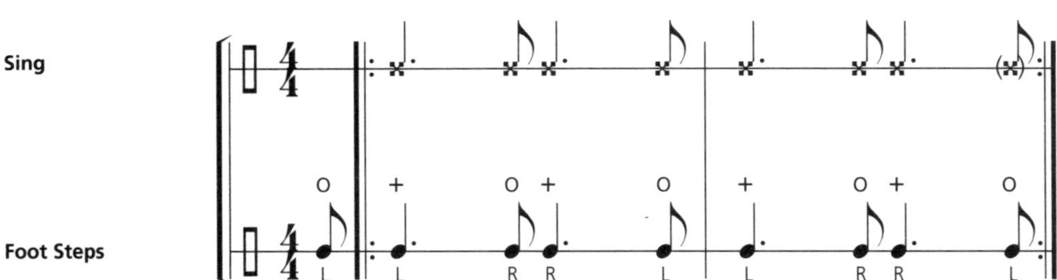

Example #7 is a combination of singing the circular pulse, clapping 2/3 clave and foot movement.

Beispiel 7 ist eine Kombination aus Singen und kreisendem Puls, 2/3 Clave klatschen und Fußbewegung.

L'**exemple 7** est la combinaison où vous chantez la pulsation circulaire, frappez le clavé en 2/3 et battez du pied le rythme de la 3ème ligne.

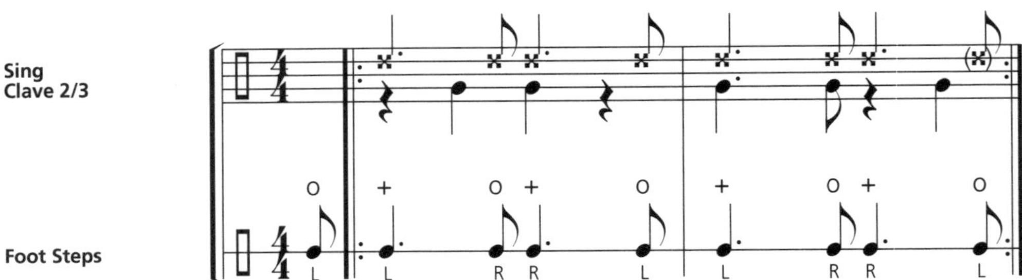

Example #8: The rhythms that are played on the side of the timbales or a cowbell are called the paila rhythms. They are sometimes called *palito*, meaning 'little sticks'. Practice clapping out this paila rhythm while you sing the circular pulse. Then practice playing the paila rhythm on your right hand and the 3/2 clave on your left hand (reverse your hands if you are left handed). When you play the paila and clave completely, automatically try singing the circular pulse as you play the rhythms.

Beispiel 8: Die Rhythmen, die auf dem Timbale-Kessel oder auf der *Cow Bell* (Kuhglocke) gespielt werden, heißen Paila-Rhythmen. Manchmal werden sie auch *Palito* genannt, was so viel heißt wie 'kleine Stöcke'. Versuchen Sie nun diese Paila-Rhythmen zu klatschen, während Sie den Kreispuls singen. Als nächstes spielen Sie den Paila-Rhythmus mit der rechten Hand und den 3/2 Clave-Rhythmus mit der linken (Linkshänder machen alles genau umgekehrt). Sobald Sie den Paila- und den Clave-Rhythmus zusammen spielen können, versuchen Sie automatisch den Kreispuls dazu zu singen.

Exemple 8. Les rythmes qui sont joués sur les côtés des timbales (appelées souvent en France "timbales créoles") ou de la cloche sont appelés des rythmes "paila". Ces rythmes sont parfois dénommés "palito", ce qui signifie "petit bâtons", (utilisés pour jouer des timbales). Entraînez-vous à frapper dans vos mains ce rythme "paila" pendant que vous chantez la pulsation circulaire. Puis entraînez vous à jouer ce rythme de "paila" à la main droite tandis que vouz jouez le rythme de clavé en 3/2 à la main gauche (inversez les mains si vous êtes gaucher). Quand vous jouez le rythme "paila" et le clavé parfaitement, essayez automatiquement de chanter la pulsation circulaire en jouant ces deux rythmes.

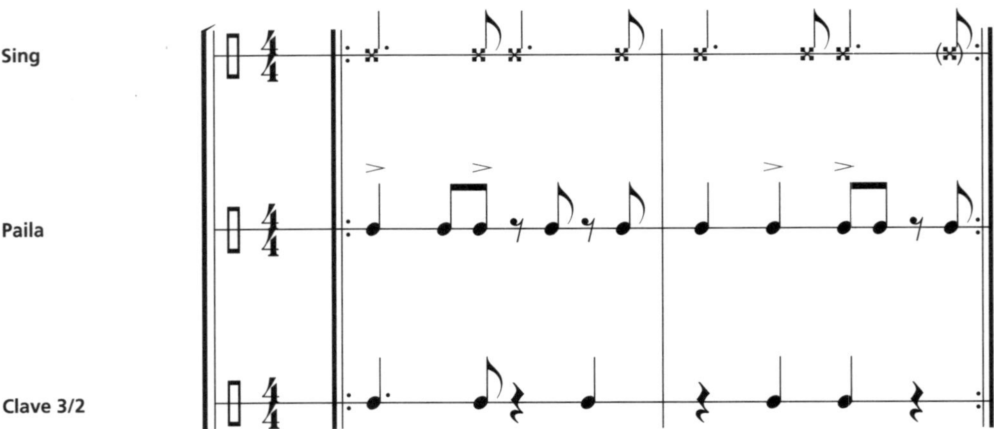

Example #9 is the same as #8 with the paila used here being the reverse of the previous paila, bar #2 of the paila used with the 3/2 clave becomes the first bar played with the 2/3 clave. Sing circular pulse and clap reverse paila, then play paila with your right hand with 2/3 clave being played with your left hand. Eventually add the singing of the circular pulse.

Beispiel 9 ist wie Beispiel 8, nur, daß Sie jetzt die Umkehrung des ersten Paila-Rhythmus benützen. Der zweite Takt der Paila des 3/2 Clave wird zum ersten Takt des 2/3 Clave. Singen Sie den Kreispuls und klatschen Sie die Paila-Umkehrung. Nun spielen Sie den Paila-Rhythmus mit der rechten Hand und mit der linken Hand den 2/3 Clave-Rhythmus. Zum Schluß singen Sie noch den Kreispuls dazu.

L'**exemple 9** est identique à l'exemple 8 avec le rythme "paila" inversé par rapport au rythme "paila" précédent, la deuxième mesure du rythme "paila" employé avec le clavé en 3/2 devient la première mesure jouée avec le clavé en 2/3. Chantez la pulsation circulaire et frappez le rythme "paila" inversé, puis jouez le rythme "paila" avec votre main droite pendant que vous jouez le clavé en 2/3 avec votre main gauche. Ajoutez éventuellement la pulsation circulaire chantée.

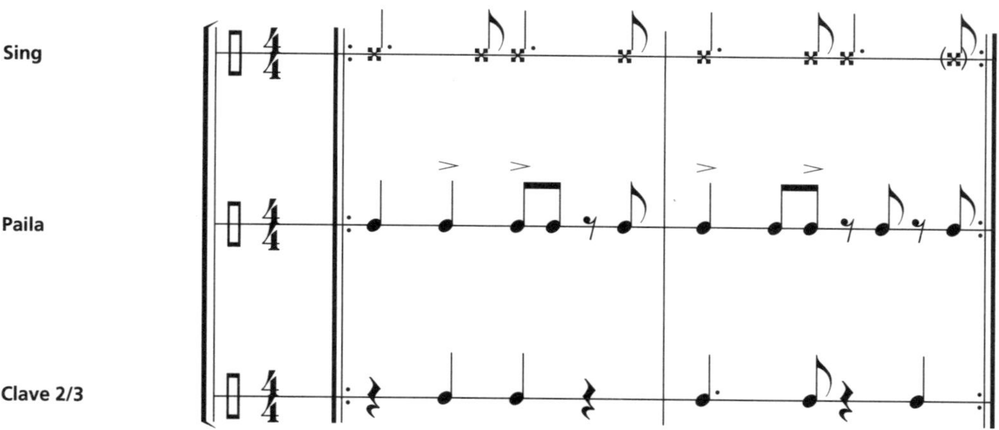

Example #10 is another paila alternative to the paila used with a 3/2 clave. Take note and make sure that you play the accents as written.

Beispiel 10 ist eine weitere Paila-Variation des 3/2 Clave-Paila. Achten Sie bitte darauf, daß Sie die Akzente wie notiert spielen.

L'**exemple 10** est une autre possibilité de rythme "paila" employé avec un clavé en 3/2. Prenez-en bonne note et assurez vous de bien jouer les accentuations telles qu'elles sont marquées.

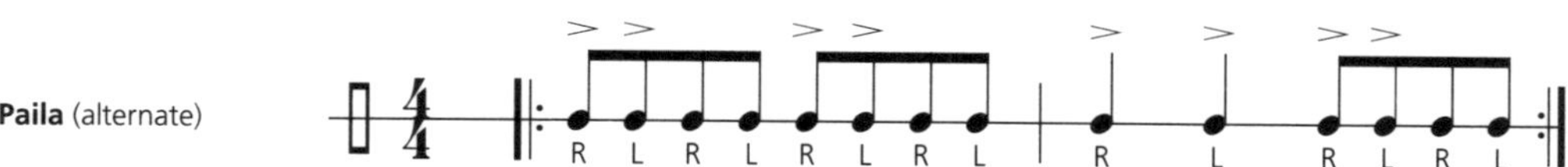

Example #11 is the same paila feel in Example #10, but has an implied 3 feel.

Beispiel 11 hat dasselbe Paila-*Feeling* wie Nummer 10, nur daß hier ein Dreier-*Feeling* angedeutet wird.

L'**exemple 11** communique le même esprit de rythme "paila" que l'exemple 10, mais en impliquant, en suggérant un rythme à trois temps, (marqué 6/8 sur l'exemple).

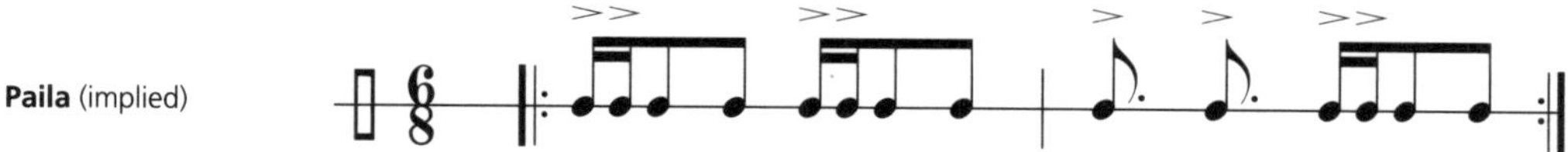

Now we're going to start applying some exercises to the conga drum. I want you to keep remembering that music is a language, and as we practice these different patterns think of them as musical phrases rather than rudimental strokes. As you practice this lesson, you will see very simple excercises that build to more complex strokes, and then they are incorporated into *Tumbao*.

Tumbao is the Spanish word used for the term basic beat. In this context this Tumbao figure is the basic rhythm in cha-chas, mambos, etc. These exercises are important to master. Play everything starting with slow to progressively faster tempos. Whenever you find yourself getting tense in your shoulders, arms, etc., stop and relax and begin again.

Definition of symbols:

O = Open tone:
This is the full open tone of the conga.
M = Muffled tone:
This is the same stroke as the open tone, but you keep your hand on the skin after striking the drum; thus it's a muffled open tone.
S = Slap tone:
This is the hardest stroke to perfect, but the sound comes from a slightly cupped hand striking the drum, with the finger tips.
B = Bass tone:
This tone comes from the palm of the hand striking the center of the drum. Sometimes the drum is lifted off the ground to give the full bass tone of the drum.

Als nächstes werden wir einige unserer Übungen auf die Conga übertragen. Vergessen Sie bitte nicht, daß Musik eine Sprache ist, und daß diese verschiedenen rhythmischen Figuren musikalische Phrasen sind und nicht nur technische Übungen. In diesem Kapitel werden wir mit sehr einfachen Übungen beginnen und uns zu komplexeren Rhythmen vorarbeiten, die wir dann in den Tumbao-Rhythmus einbringen.

Tumbao ist das spanische Wort für den Begriff "Grundrhythmus". In diesem Sinn ist der Tumbao-Rhythmus der Basisrhythmus für Cha-Cha-Cha, Mambo etc. Es ist sehr wichtig, diese Übungen zu meistern. Üben Sie alle Figuren zunächst ganz langsam und steigern Sie das Tempo allmählich. Sobald Sie in den Schultern oder Armen Verspannungen spüren - aufhören, entspannen und wieder langsam beginnen.

Zeichenerklärung:

O = Offener Ton:
Der volle, offene Conga Ton;
M = Abgedämpfter Ton:
Derselbe Schlag, wie beim offenen Ton, nur daß die Hand nach dem Schlag auf dem Fell liegen bleibt (könnte auch als abgedämpfter offener Ton bezeichnet werden).
S= Slap-Ton:
Der schwierigste Schlag auf der Conga. Die Hand ist leicht gerundet, (wie wenn man Wasser darin auffängt) - beim eigentlichen Schlag klatschen die Finger auf das Fell.
B= Baßton:
Der Handballen schlägt auf die Mitte des Fells. Einen noch volleren Baßton erhält man, wenn man die Conga dabei ein wenig hochhält.

Nous allons maintenant commencer à appliquer certains exercises aux conga. J'aimerais que vous gardiez constamment en mémoire que la musique est un langage, et qu'en vous entraînant à travailler ces motifs rythmiques vous les pensiez comme étant des phrases musicales plutôt que des coups rudimentaires. Au fur et à mesure que vous étudierez cette leçon, vous verrez que de simples exercises se transforment en rythmes plus complexes, et qu'ils sont ensuite incorporés au "Tumbao". "Tumbao" est le terme espagnol employé pour désigner le terme: battement de base. Dans ce contexte, la figure rythmique de "tumbao" est le rythme de base employé dans les cha-cha-chas, mambos etc. Quel que soit le niveau que vous ayez atteint, (débutant ou musicien confirmé) il est important de maîtriser ces exercises. Jouez en commençant avec un tempo lent et accélérez jusqu'à des tempos plus rapides. Chaque fois que vous vous sentirez la tension gagner vos épaules, vos bras etc. arrêtez-vous, relaxez-vous et recommencez.

Définition des symboles:

O = son *ouvert:*
Ceci est le son plein et ouvert de la conga.
M = son *assourdi:*
Ceci est le même coup que le son précédent (son ouvert) mais vous mettez votre main sur la peau après avoir frappé le tambour. Ceci s'appelle un son ouvert assourdi.
S = son *giflé, claqué:*
c'est le coup le plus difficile à parfaire, mais le son provient de la main légèrement arrondie en forme de coupe et frappant le tambour avec le bout des doigts.
B = son de *basse* (grave):
Ce son provient de la paume de la main frappant le centre du tambour. Parfois le tambour est surélevé par rapport au sol pour obtenir un son grave et plein, de celui-ci.

Exercise #1: Play these 4 bars hand to hand, practicing the open tone first, then muffled tone, then slap tone and then bass tone. Practice the playing of these exercises with a right hand lead and then the same exercises with a left hand lead.

Übung 1: Spielen Sie die 4 Takte von Hand zu Hand (rechte und linke Hand immer abwechselnd) zuerst Offener Ton, dann Abgedämpfter Ton, Slap-Ton und schließlich Baßton. Spielen Sie diese Übungen zunächst rechts beginnend, dann links beginnend.

Exercice 1: Jouez ces quatre mesures une main après l'autre, en vous exerçant d'abord avec les sons *ouverts,* puis les sons *assourdis,* les sons *giflés* et les sons de *basse.* Entraînez vous à jouer ces exercices en vous servant de la main droite comme main directrice, et ensuite de la main gauche comme main directrice (c'est la main qui commence l'exercice).

Exercise #2: Play these 4 bars thinking of them as a 4 bar musical phrase with each tone representing a different sound or pitch; thus you have a 4 bar song. First, the 4 bars are played with the right hand lead, then repeated with the left hand lead.

Übung 2: Spielen Sie diese 4 Takte jetzt wie eine 4taktige musikalische Phrase, in der jeder Schlag einen anderen Ton oder Klang hat - Sie haben so einen viertaktigen 'Song'. Spielen Sie alles zunächst rechts beginnend, dann links beginnend.

Exercice 2: Jouez ces quatre mesures en les pensant comme une phrase de quatre mesures dans laquelle chaque son représente un son de hauteur différente ; et ainsi vous avez une chanson (un thème) de quatre mesures. Premièrement, les quatre mesures sont jouées avec la main droite directrice, et répétez ensuite ceci avec la main gauche directrice.

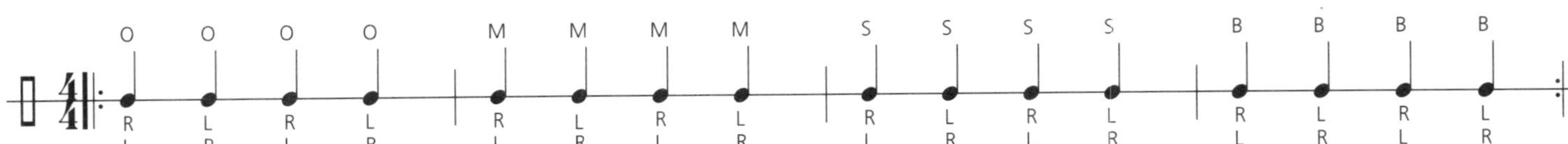

Exercise #3: Play as written. Alternate each 4 bars right hand lead then left hand lead.

Übung 3: Wie notiert üben. Wechseln Sie alle vier Takte - zuerst rechts beginnend, dann links beginnend.

Exercice 3: Jouez comme c'est écrit. Jouez en alternant main droite directrice et main gauche directrice.

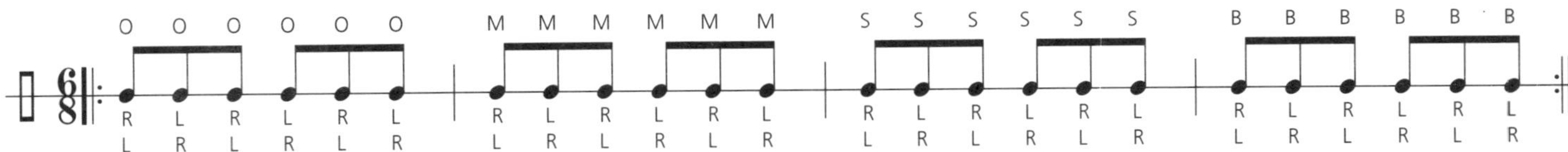

Exercise #4: Play as written.

Übung 4: Wie notiert üben.

Exercice 4: Jouez comme c'est écrit.

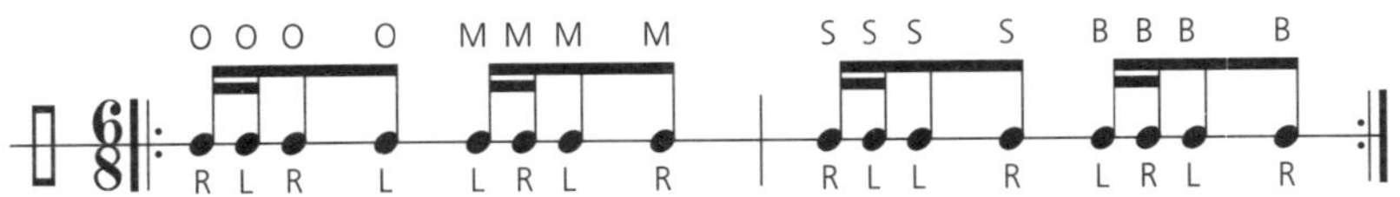

Exercise #5: Play as written.

Übung 5: Wie notiert üben.

Exercice 5: Jouez comme c'est écrit.

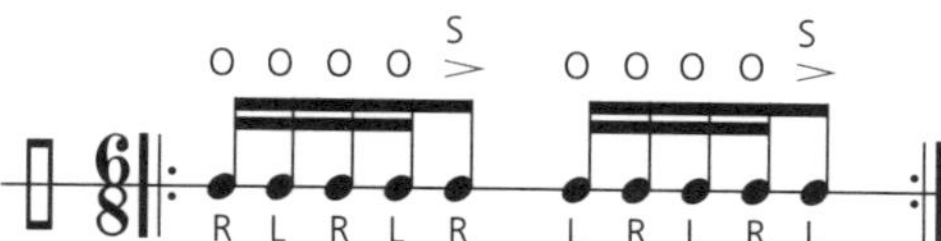

Exercise #6: Play as written.

Übung 6: Wie notiert üben.

Exercice 6: Jouez comme c'est écrit.

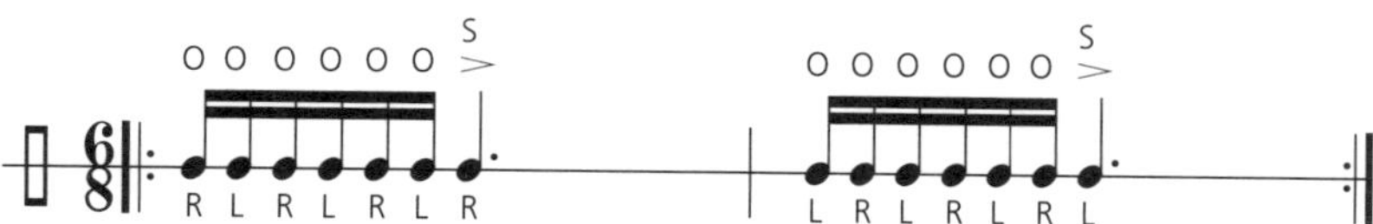

Exercise #7: Tumbao

Here the symbol H = the Heel of the Hand, and T = Finger Tips. (Note: Rocking motion that comes from pushing out of the heel of the hand, and pulling back with the finger tips is called the floating hand.) S = Slap tone. The '.' = the tone it's written by is played so lightly that it is considered a silent stroke Ghost Note. O = Open tone.

Übung 7: *Tumbao*

H = Handballen

T = Fingerspitzen

(Anmerkung: Die 'Schaukelbewegung', die entsteht, wenn man vom Handballen aus aufs Fell drückt und von den Fingerspitzen her abfedert nennen wir *floating hand*.)

S = Slap-Ton

Der '.' Ton wird nur ganz leise kaum hörbar gespielt (Ghost Note).

O = Offener Ton

Exercice 7: *Tumbao*

Ici le symbole 'H' signifie le *talon* de la main et 'T' le bout des doigts. (Remarque: le mouvement de bascule qui résulte de la poussée du talon de la main et de l'action de ramener le bout des doigts vers l'arvière s'appellent la *main flottante (floating hand)*. Le symbole 'S' = *son giflé*. Le signe '.' signifie que le son qui est ainsi désigné est joué si légèrement qu'il est considéré comme un coup silencieux une note *fantôme*. 'O' signifie un son *ouvert*.

Tumbao

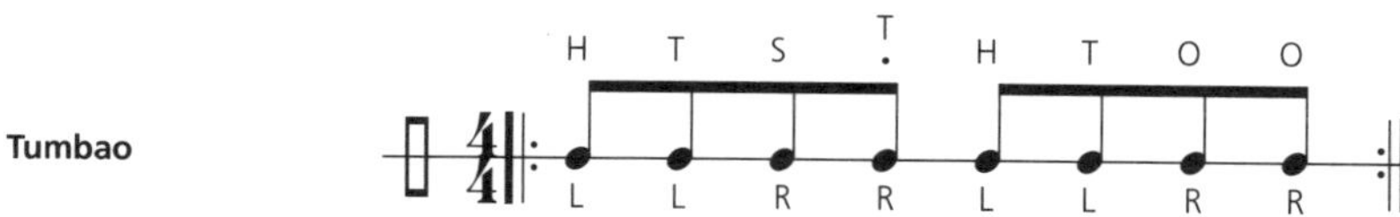

Exercise #8: Play tumbao and first sing the circular pulse. Then play Tumbao and sing the 3/2 clave.

Übung 8: Spielen Sie den Tumbao-Rhythmus und singen Sie den Kreispuls. Spielen Sie nun den Tumbao-Rhythmus und singen Sie den 3/2 Clave.

Exercice 8: Jouez le *tumbao* et première-ment chantez la pulsation circulaire. Puis jouez le *tumbao* et chantez le clavé 3/2.

Pulse

**Tumbao
Clave 3/2**

Exercise #9: Play Tumbao and sing 2/3 clave.

Übung 9: Spielen Sie den Tumbao-Rhythmus und singen Sie den 2/3 Clave.

Exercice 9: Jouez le tumbao et chantez le clavé 2/3.

Exercise #10: Play as written. This exercise incorporates the three stroke pattern (exercise #3).

Übung 10: Wie notiert spielen. In dieser Übung wird die 3 Schlag-Figur von Übung 3 verwendet.

Exercice 10: Jouez comme cela est écrit. Cet exercice incorpore le motif à trois coups frappés. (voir exercice 3).

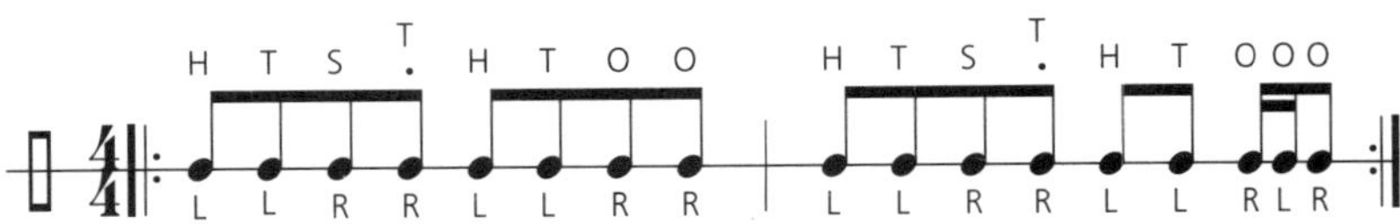

Exercise #11: Play as written. This exercise incorporates the five stroke pattern (exercise #5).

Übung 11: Wie notiert spielen. In dieser Übung wird die 5 Schlag-Figur von Übung 5 verwendet.

Exercice 11: Jouez comme cela est écrit. Cet exercice incorpore le motif à 5 coups frappés. (voir exercice 5).

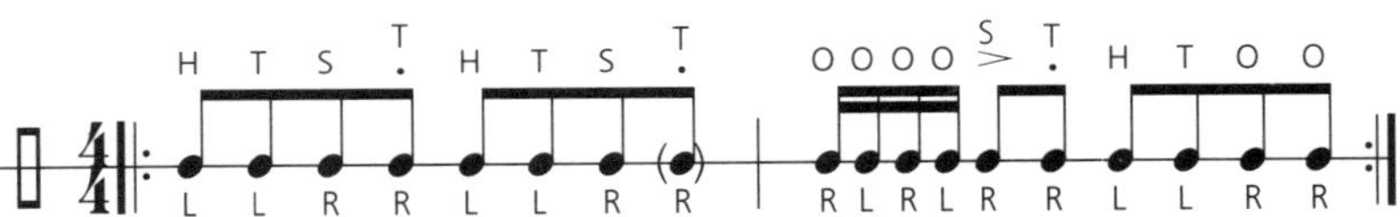

Exercise #12: Play as written. This exercise incorporates the seven stroke pattern (exercise #6).

Übung 12: Wie notiert spielen. In dieser Übung wird die 7 Schlag-Figur von Übung 6 verwendet.

Exercice 12: Jouez comme cela est écrit. Cet exercice incorpore le motif à 7 coups frappés. (voir exercice 6).

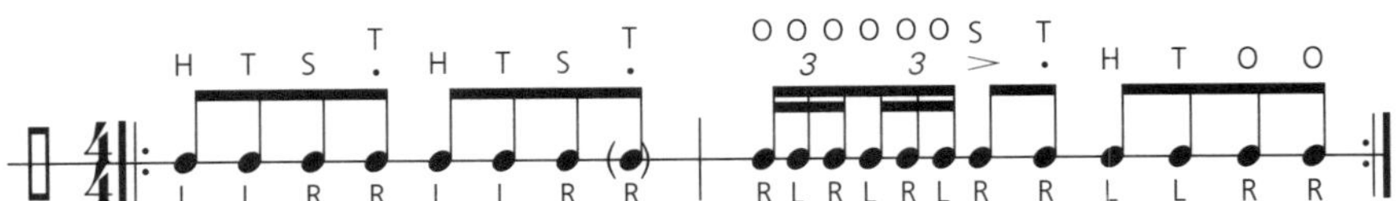

Exercise #13: Play this 4 bar phrase as written, noting that the first beat of bar 4 is the end of the soloistic phrase.

Übung 13: Spielen Sie diese 4taktige Phrase wie notiert - die '1' im vierten Takt ist der Schluß der solistischen Phrase.

Exercice 13: Jouez cette phrase de 4 mesures comme elle est écrite, notez que le premier temps de la mesure 4 est la fin de la phrase ayant un caractère de solo.

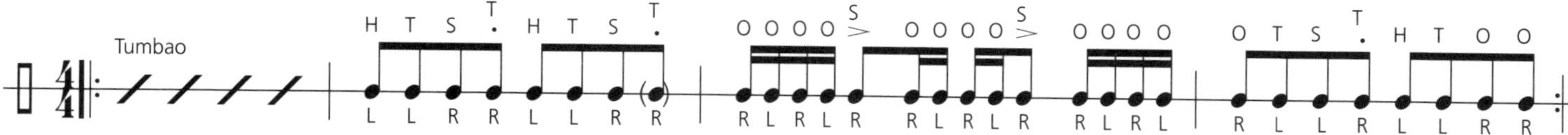

Exercise #14: Play as written. First beat of bar 4 is the end of the soloistic phrase.

Übung 14: Wie notiert spielen. Wieder ist die '1' im vierten Takt der Schluß der solistischen Phrase.

Exercice 14: Jouez comme cela est écrit. Le premier temps de la mesure 4 est la fin de la phrase ayant un caractère de solo.

Exercise #15: Play as written. Note the open tone is the beginning tone for the return back to the Tumbao phrase.

Übung 15: Wie notiert spielen. Der offene Ton ist der Anfangston der wiederkehrenden Tumbao-Figur.

Exercice 15: Remarquez que le son *ouvert* est le son de départ pour le retour à la phrase *tumbao*.

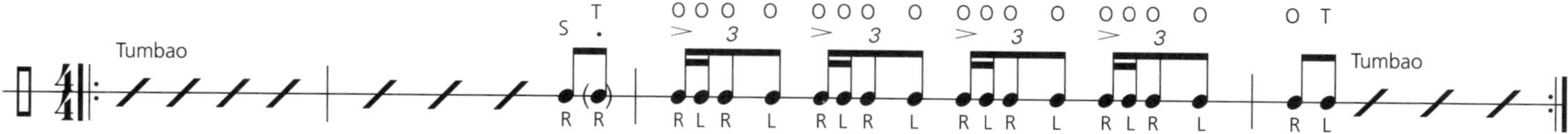

Remember, make sure you play these rhythms with hands as written under each bar (right hand or left hand).

Achten Sie bitte auf die angegebenen Handsätze (rechts - links).

Rappelez vous, que vous devez jouer ces rythmes avec vos mains de la façon que cela est écrit sous chaque mesure (main droite 'R' et main gauche 'L').

[Note: the recorded exercises that accompany this book are played at slow enough tempos to be able to practice and learn the patterns but don't necessarily reflect the tempo in which the rhythms would normally be played.]

[Anmerkung: Die Aufnahmen zu diesem Buch werden zum Mitspielen und zum Lernen in langsamen Tempi gespielt, die aber nicht unbedingt der Praxis entsprechen, in der die Rhythmen normalerweise gespielt werden.]

[Remarque: les exercices enregistrés qui accompagnent cet ouvrage sont joués à des tempos suffisammment lents pour qu'ils puissent être répétés et appris, mais ils ne reflètent pas nécessairement le tempo auquel ces rythmes seraient normalement joués.]

5   *Conga Patterns**

There has always been a problem for musicians to learn how to study and practice properly. Discipline yourself so that when you sit down to practice you can accomplish something. You must establish a goal for yourself every time you sit down to practice, before you touch your instrument. I will share some of the things I have learned and that I teach to my students. For example, if you are going to work on Conga drums, establish a habit of warming up with some of the exercises I've given in the past. Since music is a language, concentrate on the 3, 5 & 7 stroke exercises I've given, but interchange different tones in the stroke. Remember, if you're right handed concentrate on strengthening your left hand, making it as strong and as responsive as your right hand. I go so far as sometimes using my left hand in eating and doing other work, instead of my right hand, to strengthen my responsiveness in the left hand. The right side of your brain controls the left side of your body and vice-versa, so this is very important to know in order to have an integrated body response. Try whenever possible to practice with a full length mirror in front of you. This does two things: Helps check your body alignment while you play (make sure one shoulder is not higher than the other, your head is not tilted to one side etc.). You want your body to be relaxed and aligned so that you have the least amount of negative tension in your playing. Secondly, when you see yourself in the mirror you get an immediate sense of feedback from your study (practice). It's as if you are playing with someone else.

The key to getting rid of boredom when you practice is that you hear every exercise or rhythm as a musical phrase that includes melody and harmony. There are times when I have turned on the radio and cassette player at the same time, all have different programs going on simultaneously at a medium volume. This forces you to go inside yourself and concentrate more (see if you can concentrate

Zu lernen wie man 'richtig' studiert und übt, war für Musiker schon immer ein Problem. Gehen Sie sehr diszipliniert vor, damit Sie beim Üben auch etwas erreichen. Setzen Sie sich für jede Übestunde ein ganz konkretes Ziel, noch bevor Sie das Instrument anfassen. Ich werde nun einiges von dem, was ich gelernt habe und was ich meinen Schülern zeige, an Sie weitergeben. Wenn Sie beispielsweise Congas üben, sollte ein Teil der vorangegangenen Übungen zu einem ständigen Aufwärmprogramm werden. Da Musik eine Sprache ist, möchte ich, daß Sie sich vor allem mit den 3, 5 und 7 Schlag Figuren beschäftigen, dabei jedoch alle Schläge mit verschiedenen Tönen (Tonhöhen) spielen. Rechtshänder sollten sich auf die Ausdauer ihrer linken Hand konzentrieren, damit sie genauso kräftig und reaktionsfähig wird. Ich gehe sogar so weit und benütze manchmal meine linke Hand zum Essen, oder für irgendwelche Arbeiten anstelle der rechten Hand, um ihre Reaktion zu verbessern. Die rechte Seite Ihres Hirns steuert die linke Seite des Körpers, und umgekehrt. Üben Sie, wann immer möglich vor einem großen Spiegel und zwar aus zweierlei Gründen: zum einen, um die Körperhaltung zu kontrollieren (sich vergewissern, daß die eine Schulter nicht höher ist als die andere, oder sich der Kopf nach einer Seite neigt etc.). Unser Körper sollte immer entspannt sein, damit beim Spielen möglichst keine Verkrampfung entsteht. Zum zweiten erhalten Sie so ein sofortiges *Feedback* - eine Motivation für Ihr Üben. Es ist fast so, als ob Sie mit jemandem spielen oder üben.

Langweiliges Üben vermeiden wir einfach dadurch, daß wir jede Übung und jeden Rhythmus als musikalische Phrase sehen, die auch aus Melodien und Harmonien besteht. Ich habe beim Üben schon das Radio und meinen Kassettenrekorder bei mittlerer Lautstärke gleichzeitig laufen lassen. Man muß sich dann wirklich sehr konzentrieren,

Comment étudier et s'entraîner correctement a toujours constitué un problème pour les musiciens. Disciplinez vous de telle façon que lorsque vous vous asseyez pour vous entraîner vous accomplissiez quelque chose. Vous devez vous donner un but à atteindre chaque fois que vous vous asseyez pour travailler. Je vais partager avec vous quelques unes des choses que j'ai apprises et que j'enseigne à mes élèves. Quand vous commencez à vous entraîner chaque jour, donnez vous un but à atteindre avant de toucher votre instrument. Si vous décidez de travailler les congas, par exemple, établissez une habitude d'échauffement avec certains des exercices que je vous ai donnés précédemment. Comme la musique est un langage, concentrez vous sur les exercices à 3, 5 et 7 coups frappés que je vous ai donnés mais en changeant le son sur ces différents coups. Rappelez vous que si vous êtez droitier vous devez vous concentrer à fortifier votre main gauche de façon à la rendre aussi performante que la main droite. Pour renforcer les capacités de réaction de ma main gauche, j'ai été jusqu'à employer ma main gauche au lieu de ma main droite pour manger et exécuter d'autres travaux. Le côté droit de votre cerveau contrôle le côté gauche de votre corps et vice-versa ; il est très important de connaître cette particularité de façon à posséder une réaction intégrée de tout votre corps. Essayez de vous entraîner chaque fois que cela est possible avec un miroir de votre taille en face de vous. Ceci permet deux choses: premièrement cela vous aide à contrôler l'alignement de votre corps lorsque vous jouez (vérifiez que votre épaule n'est pas plus haute que l'autre, que votre tête ne penche pas d'un côté etc...) de façon à être détendu et bien en ligne pour qu'il y ait le moins de tension négative possible dans votre jeu ; deuxièmement, lorsque vous vous voyez dans le miroir, vous ressentez

to the degree that you close out the outside noises, and only be aware of your inner thoughts and playing). One of the biggest helps for timing and phrasing is to put on head-phones and play along with the music. To get used to training your mind to hear musical phrases try to play back and memorize 4, 8, 16 and longer bar phrases of some of your favorite percussioninst's records or tapes. This helps build your musical vocabulary and will help you when you play with groups - especially memorizing extended breaks.

Finally for now, build into your practice schedule at least 15 minutes open to just improvisation. Play musical phrases that come to your mind, weaving them into song-like patterns. Too many times percussionists study very hard to learn the traditional patterns of Cuban or Brazillian music, etc., but they cannot play creatively outside of that traditional form. Don't ever try to force traditional pattern or concept into another idiom. Learn how to adapt to whatever is needed in the music played at the moment. You want to be known as a flexible and sensitive player, not somebody who people say "When we hire him/her they always make our music sound Latin, African, etc." Only when the music is designed to sound Latin or African etc., should you play with that feel. Whenever the music (Jazz, Pop, etc.) is different either adapt your traditional patterns or create new ones that are appropriate for the music.

The following exercises will help you strengthen your weaker hand, and to gain stronger control over the various tones (Remember, if you are left handed, always invert all of the handings given).

Exercises #1 through **#7** will help strengthen your left (right) hand. Start slow and increase the tempo to the fastest tempo playable without body tension (arms especially). These exercises are also patterns that can be played in some West African and Afro-Cuban settings.

versuchen alles um sich herum zu vergessen, und die Gedanken nur auf sein Inneres und auf das eigene Spielen lenken. Eine der besten Hilfen zur Verbesserung des *Timings* und der Phrasierung ist es, einfach einen Kopfhörer aufzusetzen und mit der Musik mitzuspielen. Um das musikalische Gedächtnis zu trainieren, spielen Sie 4-, 8-, und schließlich 16taktige musikalische Phrasen von Aufnahmen Ihrer Lieblingsperkussionisten nach, und lernen sie auswendig. Dadurch erweitern Sie Ihren musikalischen Wortschatz. Es wird Ihnen auch beim Zusammenspiel in einer Gruppe helfen, ganz besonders wenn Sie längere *Breaks* im Gedächtnis behalten müssen.

Jede Übestunde sollte mindestens 15 Minuten Improvisation beinhalten. Erfinden Sie musikalische Phrasen und binden Sie diese in song-artige Figuren ein. Es kommt sehr oft vor, daß jemand sehr viel übt, um die traditionellen kubanischen und brasilianischen und andere Figuren zu beherrschen, aber außerhalb dieser traditionellen Formen nichts Kreatives zustande bringt. Versuchen Sie niemals, traditionelle Figuren oder Rhythmen in ein musikalisches Umfeld zu zwängen, in das sie nicht passen. Lernen Sie, sich den jeweiligen musikalischen Anforderungen anzupassen. Wir wollen schließlich, daß man uns als flexible und einfühlsame Musiker schätzt und nicht als jemand, von dem gesagt wird: "Wenn wir ihn/sie engagieren, klingt unsere Musik immer nach *Latin,* oder afrikanischer Musik". Nur wenn es die Musik verlangt, soll sie nach *Latin* oder afrikanischer Musik klingen. Wannimmer sie anders ist (Jazz, Pop etc.) , sollten Sie entweder die traditionellen Figuren anpassen, oder neue Figuren erfinden, die zum jeweiligen Stil passen.

Die folgenden Übungen sollen Ihre schwächere Hand stärken, damit Sie die Klangfarben der jeweiligen Instrumente besser ausschöpfen können. (Linkshänder machen alle Übungen umgekehrt).

Die **Übungen 1** bis **7** sind vor allem zur Stärkung der linken (rechten) Hand. Beginnen Sie ganz langsam und steigern Sie das Tempo soweit wie möglich, ohne Ihren Körper anzuspannen (insbesondere die Arme). Diese Übungen bestehen aus Figuren, die in einigen westafrikanischen bzw. afro-kubanischen Spielsituationen verwendet werden können.

immédiatement la qualité des informations qu'il vous renvoie de votre travail. C'est comme si vous jouiez avec quelqu'un d'autre.

La clé pour ne pas connaître l'ennui lorsque vous vous entraînez est d'entendre chaque exercice ou rythme comme une phrase musicale incluant mélodie et harmonie. Il y a eu des moments où j'allumais la radio, la télévision et le lecteur de cassettes au même moment chacun ayant un programme différent et diffusant en même temps à un volume modéré. Ceci vous oblige à aller en vous et à vous concentrer davantage, (vérifiez si vous êtes capable de vous concentrer au point que vous pouvez repousser tous les bruits extérieurs et être uniquement conscient de vos pensées intérieures et de votre jeu). Une des aides les plus efficaces pour l'obtention, l'intériorisation, du sens du rythme et du phrasé, est de jouer avec une musique que vous entendez au travers d'un "casque" (écouteurs). De façon à être habitué à exercer votre cerveau à entendre des phrases musicales, essayez de rejouer et de mémoriser des phrases de 4, 8 et 16 mesures provenant des enregistrements sur disques ou sur bandes de vos percussionistes favoris. Ceci vous aidera à construire votre vocabulaire musical et, lorsque vous jouerez avec des groupes, à mémoriser tout particulièrement les "breaks" solo d'une longue durée. ("break": arrêt dans un groupe de tous les musiciens à l'exeption d'un seul qui improvise une phrase ou un motif musical ou rythmique ayant une durée variable (1, 2, 4, 6, 8 mesures).

Finalement pour maintenant, introduisez dans votre temps de travail au moins 15 minutes réservées à l'improvisation. Jouez des phrases musicales qui viennent à votre esprit et incorporez les , tissez les, les unes aux autres de façon à obtenir des motifs ressemblant à une chanson, un thème. Trop nombreux sont les percussionnstes qui travaillent "très dur" pour apprendre les formules rythmiques traditionnelles des musiques cubaine ou brésiliennes, mais qui ne peuvent pas jouer d'une façon créative eu dehors de ces formes traditionnelles. N'esssayez pas de forcer un concept ou un motif rythmique traditionnel à servir dans un idiome différent. Apprenez à adapter ce dont vous avez besoin à la musique que vous êtes en train de jouer. Vous devez être connu comme étant un musicien souple et sensible, non pas comme quelqu'un dont les gens

Exercise 1

Hi Drum

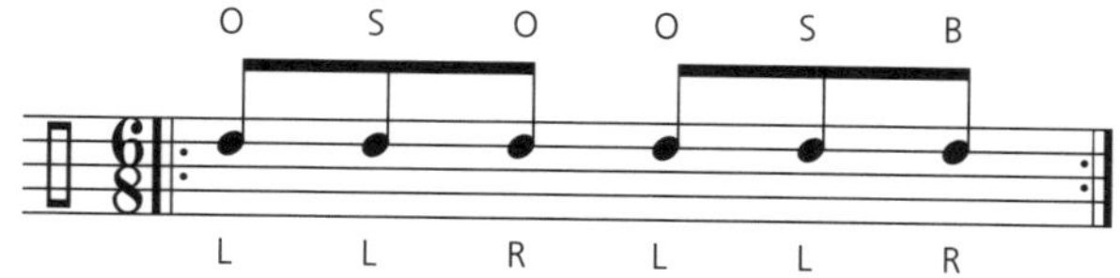

Exercise 2

Hi Drum
Lo Drum

Exercise 3

Hi Drum
Lo Drum

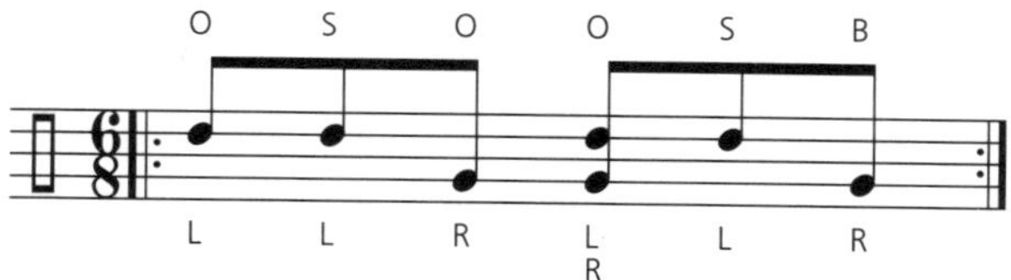

Exercise 4

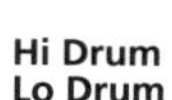

Hi Drum
Lo Drum

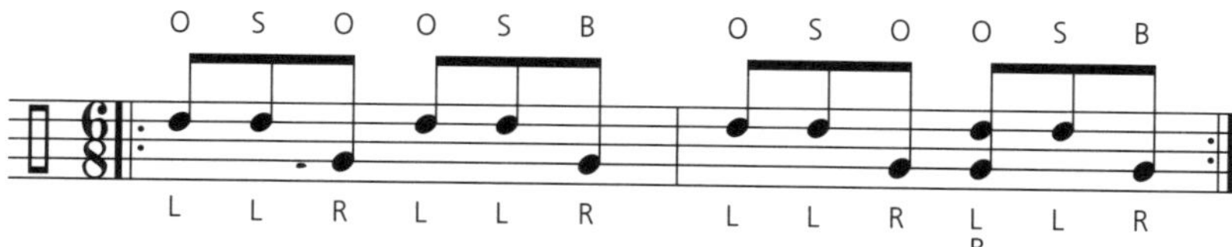

Exercise 5

Hi Drum
Lo Drum

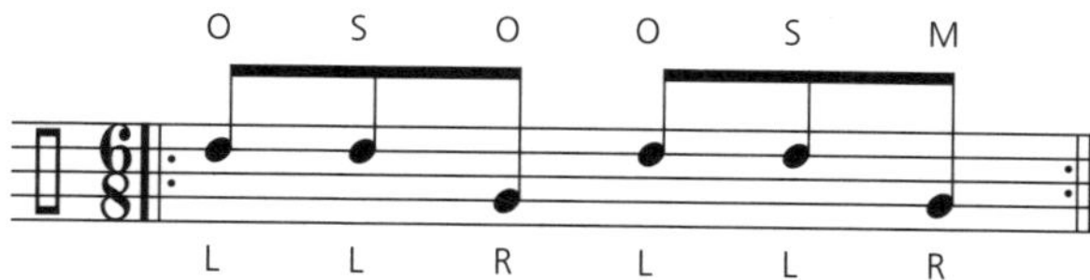

Exercise 6

Hi Drum
Lo Drum

Exercise 7

Hi Drum
Lo Drum

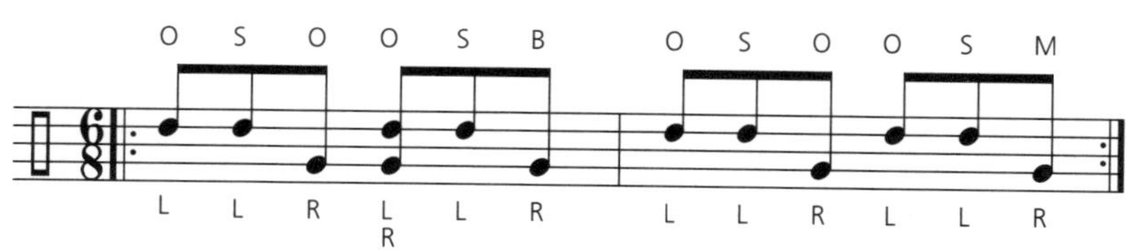

disent: "Quand nous l'engageons, il ou elle fait sonner notre musique latine, africaine etc...". Vous ne devez jouer dans les styles afro-cubain ou africain, seulement si la musique a été conçue pour être jouée dans ces styles. Chaque fois que la musique est différente, (Jazz, Pop, etc...) adaptez vos motifs traditionnels ou créez de nouveaux motifs rythmiques qui soient adaptés à cette musique particulière.

Les exercices que je donne sont là pour vous aider à augmenter la force de votre main la plus faible, et pour acquérir le contrôle des différentes sortes de sons (Rappelez vous que si vous êtes gaucher, vous devez toujours inverser le schéma qui vous est donné de l'enchaînement des mains.

Les **exercices** de **1** à **7** vous aideront à renforcer votre main gauche. Commencez lentement, et accélérez le tempo jusqu'au tempo le plus rapide que vous pourrez jouer sans tension dans le corps (et spécialement dans les bras). Ces exercices sont aussi des motifs rythmiques que vous pourrez jouer dans des contextes Ouest-Africains ou Afro-Cubains.

Merengue Rhythms

The merengue rhythms come from the Dominican Republic where they are the national music. Play these patterns as written, remembering the H & T stand for H = heel, and T = fingertip of the left hand. This is the same stroke as when you play tumbao.

Exercises #5 and **#6** in the merengue series are bass parts. Your conga drum should be laid across your lap with the left hand striking the shell of the drum and the right hand playing the skin.

Exercise #7 introduces a complete merengue ensemble. The first line being the guiro which is the gourd instrument commonly used in Latin American music. The stroke between the dotted quarter note and the eighth note represents a long stroke down the side of the teeth of the gourd (▸▸▸▸▸▸). Master both bass parts (staff 4 and 5) sometimes using one or the other.

Exercises #8 through **10** should be taken and put into the context of tumbao. Start at a slower tempo until you can make the four bar phrases sing.

Die Merengue Rhythmen kommen von der Dominikanischen Republik, wo sie zur Nationalmusik gehören. Spielen Sie diese Figuren wie notiert (H = Handballen , T = Fingerspitze der linken Hand). Es ist derselbe Schlag wie beim Tumbao.

Übung 5 und **6** der Merengue Figuren sind die Baßstimmen. Legen Sie Ihre Conga auf den Schoß, spielen Sie mit der linken Hand auf dem Trommelkessel und mit der rechten auf dem Fell.

In **Übung 7** wird ein komplettes Merengue Ensemble vorgestellt. Auf der ersten Linie ist die *Guiro* notiert; sie wird in der latein-amerikanischen Musik sehr häufig verwendet. Die punktierte Viertelnote wird gespielt, indem man ihrem Wert entsprechend gleichmäßig an den Guiro-Rillen entlang 'raspelt'(▸▸▸▸▸▸). Meistern Sie beide Baßstimmen (Systeme 4 und 5) und verwenden Sie sie abwechselnd.

Übung 8 bis **10** sollten als Tumbao-Figuren aufgefaßt werden. Zuerst langsam üben, bis die 4taktigen Phrasen zu "singen" anfangen.

Les rythmes mérengué proviennent de la République Dominicaine où ils sont la musique nationale. Jouez ces motifs rythmiques comme ils sont écrits, en vous rappelant que H et T signifient: H = talon de la main gauche et T = bout des doigts de la main gauche. Ce sont les mêmes coups que lorsque vous jouez le *tumbao*.

Les **exercices 5** et **6** dans les séries mérengué sont écrits pour la conga grave. La conga doit être maintenue entre les genoux, la main gauche frappant la bordure du corps de celle-ci et la main droite jouant sur la peau.

L'**exercice 7** introduit un ensemble de percussions complet pour jouer le mérengué. La première ligne est jouée par le guiro qui est une gourde séchée (fruit exotique) employé communément dans la musique d'Amérique latine. Le coup marqué du signe ▸▸▸▸▸▸ entre la noire pointée et la croche représente un long coup vers le bas sur les crans taillés dans le flanc de la gourde. Maîtrisez les deux parties différentes jouées sur la conga grave (partie 4 et 5) en employant l'une ou l'autre.

Les **exercices 8** à **10** doivent être pris et joués dans le contexte du rythme de *tumbao*. Commencez avec un tempo plus lent jusqu'à ce que vous puissiez faire chanter ces quatre mesures.

Exercise 1

Exercise 2

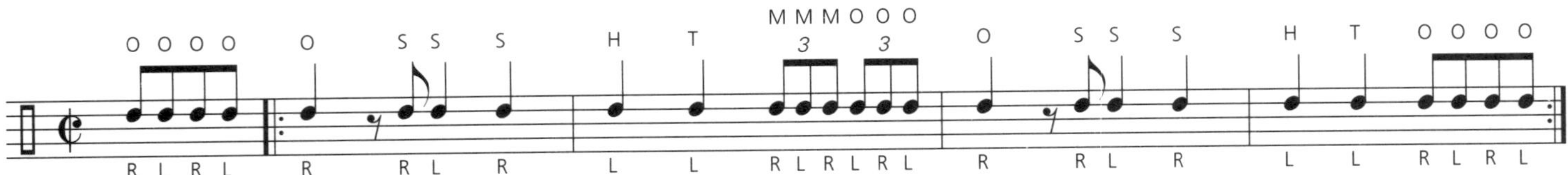

Exercise 3

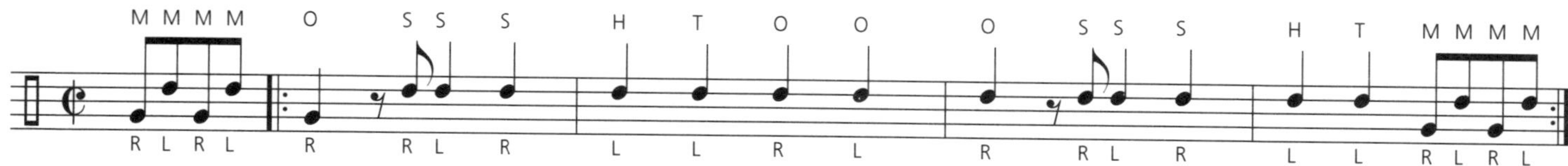

Exercise 4

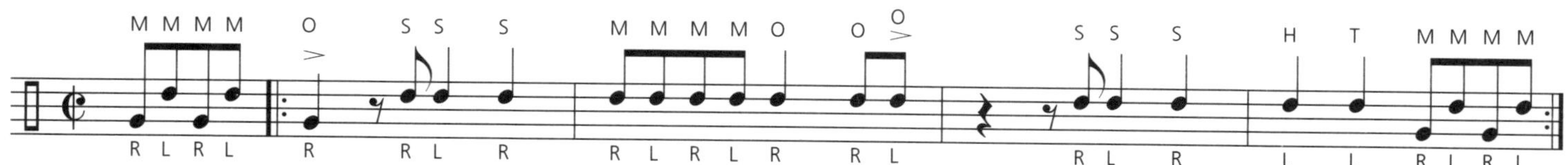

Exercise 5

Exercise 6a

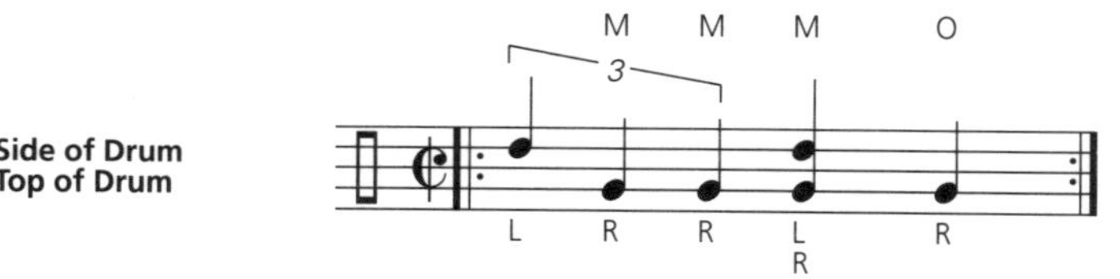

Exercise 6b

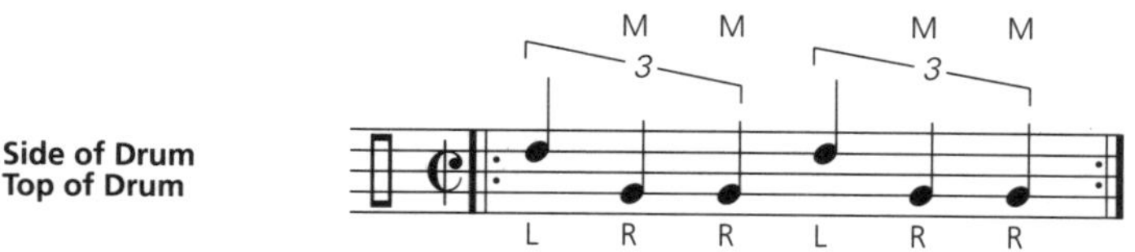

Exercise 7

Merengue Ensemble

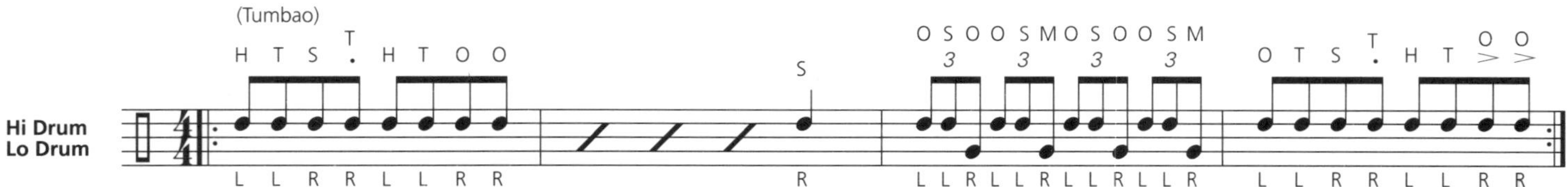

Exercise 8

Exercise 9

Exercise 10

6 *Afro-Cuban Patterns*

This lesson deals with patterns in 3 and 6. Most of these patterns can be found in Afro-Cuban drumming with their roots being very definitely African. All of the patterns marked under the bell sequences are usually played on bells, but can be played on wood blocks, shekeres, etc. In these patterns, there is always an implied 3 against 2 feeling. Use letter 'C' (the dotted quarter note) as the foundation for feeling the 3 against the 2. Example 'F' should be anticipated slightly to get the right feel.

In the Section "Bass Drum" you can use a floor tom or any large drum that has a deep tone with ringing overtones. Make sure you note that "M" stands for having your hand flat on the drum and "M/S" is having your hand flat on the drum head while striking the head with your stick. Practice all examples in the 'Bass Drum' section separately, but then practice combining different patterns together. The conga parts 'Basic' and 'letter C' should be practiced separately, but are really for two separate people. One person plays the low drum part, the other person plays the high drum part. Together they make up a total rhythm for ensemble playing. Examples B and C are patterns you can practice using two drums with one player.

Remember it's a good idea to always see these rhythms as songs you are singing through your instrument, not just a rhythmic phrase. After you have mastered all the parts, try and get together and play some of these parts together in an ensemble form; that is a bell player, bass drum player and one or two conga players.

In diesem Kapitel werden wir uns mit 3er und 6er Figuren beschäftigen. Die meisten dieser Figuren findet man in afro-kubanischer Musik. Ihr Ursprung ist aber sicher in Afrika. Alle Figuren die unter der Bezeichnung 'Glocke' (bell) aufgeführt sind, können auch mit *Woodblocks, Shekeres* etc. gespielt werden. In diesen Figuren wird immer eine 3er gegen 2er Bewegung angedeutet. Übung 'C' mit den punktierten Viertelnoten ist die Basisfigur, um die 3er gegen 2er Bewegung zu erlernen. Die Figur bei 'F' sollte leicht antizipiert gespielt werden, damit sie das richtige *Feeling* bekommt.

In der Sektion 'Baßtrommel' (Bass Drum) kann jede beliebige, obertonreiche große Trommel mit einem tiefen Klang, wie Stand-Tom oder ähnliches verwendet werden. 'M' zeigt an, daß die Hand flach auf dem Schlagfell liegt. M/S zeigt an, daß man mit einem Stock auf die Trommel schlägt, während die andere Hand flach auf dem Schlagfell liegt. Üben Sie alle Figuren der *Bass Drum* Sektion zunächst einzeln. Üben sie dann verschiedene Figuren auch miteinander. Die Conga-Übungen 'Basic' und 'C' sollten einzeln geübt werden, obwohl sie eigentlich für zwei Spieler geschrieben sind. Ein Spieler spielt die tiefe Stimme, der andere die hohe. Zusammen gespielt ergeben beide Figuren einen Ensemblerhythmus. Die Übungen 'B' und 'C' können von einem Spieler auf zwei Trommeln gespielt werden.

Denken Sie daran, diese Rhythmen wie Lieder zu behandeln, die Sie mit Ihrem Instrument singen, nicht nur als eine rhythmische Phrase. Sobald Sie alle Stimmen einzeln spielen können, sollten Sie versuchen, mit anderen Musikern zusammen im Ensemble zu musizieren - ein Glockenspieler, ein Baßtrommelspieler und ein oder zwei Conga-Spieler.

Cette leçon traite des motifs rythmiques employés avec les mesures à 3 temps et à 6 temps. La plupart de ces motifs rythmiques se rencontrent dans les percussions Afro-Cubaine mais dont les racines se trouvent sans aucun doute dans la musique Africaine. Tous les motifs rythmiques marqués sous les séquences de cloche sont habituellement joués sur les cloches mais peuvent être joués sur les "wood-blocks" (blocs en bois), les "skekeres" etc... Dans ces motifs rythmiques il y a toujours un rythme à 3 temps donnant l'impression d'un rythme à 2 temps. Employez l'exemple, à la lettre "C", qui utilise la noire pointée comme base d'écriture pour ressentir cette impression de rythme à 2 temps dans une mesure à 3 temps. L'exemple F doit être joué en anticipant légèrement les notes pour obtenir le caractère exact du motif rythmique.

Dans la partie "tambour grave" vous pouvez employer un "tom basse" (posé sur le plancher) ou tout autre tambour de large dimension ("surdo" par exemple) qui a un son profond et des sons harmoniques qui résonnent. Soyez sûr d'avoir noté que "M" signifie que votre main est à plat sur l'instrument et que "M/S" signifie que votre main est à plat sur le tambour pendant que vous êtes en train de frapper le dessus du tambour avec une baguette. Entraînez vous à jouer ces exemples de la section "tambour grave" d'abord séparément, puis jouez-les ensuite en combinant ces différents motifs rythmiques. Les parties de Conga et l'exemple à la lettre "C" doivent être travaillés séparément, mais sont réellement écrites pour deux personnes distinctes. Une personne joue la partie de tambour grave. L'autre personne joue la partie de tambour aigu. Ensemble, ils forment un rythme complet pour une exécution de groupe. Les exemples B et C sont des motifs rythmiques que l'on peut travailler en utilisant deux tambours joués par un seul instrumentiste.

Rappelez vous, que l'idée juste, est de toujours considérer ces rythmes comme des chansons que vous chantez par l'intermédiaire de votre instrument et non pas seulement comme une phrase rythmique. Après que vous aurez maîtrisé toutes ces différentes parties, essayez de vous réunir à plusieurs percussionnistes et de jouer quelques-unes de ces parties, à l'intérieur d'un groupe comprenant un joueur de cloche, un joueur de "tom basse" et un ou deux joueurs de conga.

Bell Patterns

Basic Pattern

Bell = cloche

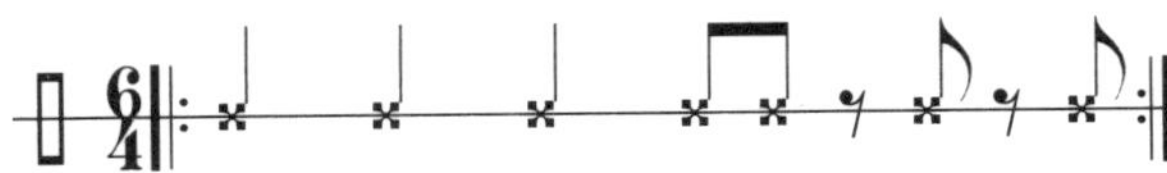

Pattern A

Pattern B

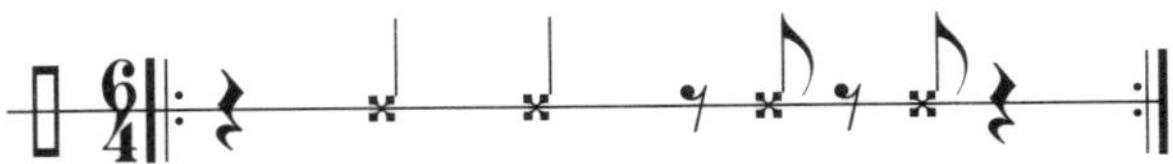

Pattern C

Pattern D

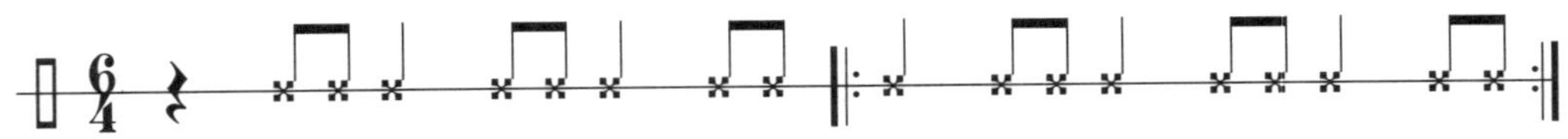

Pattern E

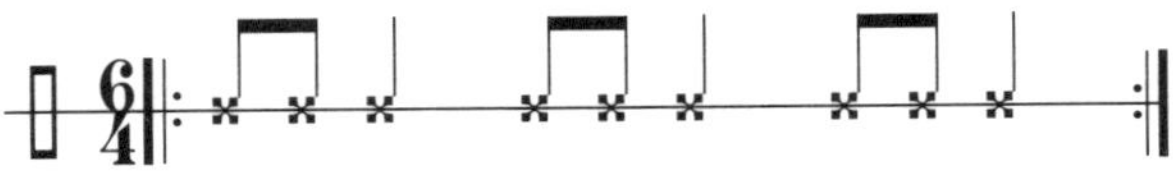

Pattern F

Pattern G

Bass Drum Patterns

Basic Pattern

Pattern A

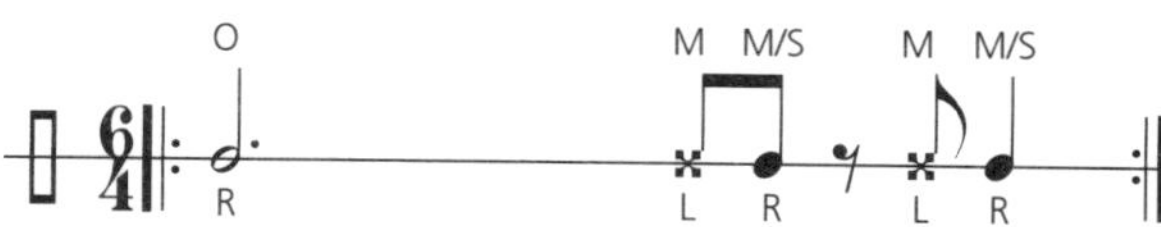

Pattern B

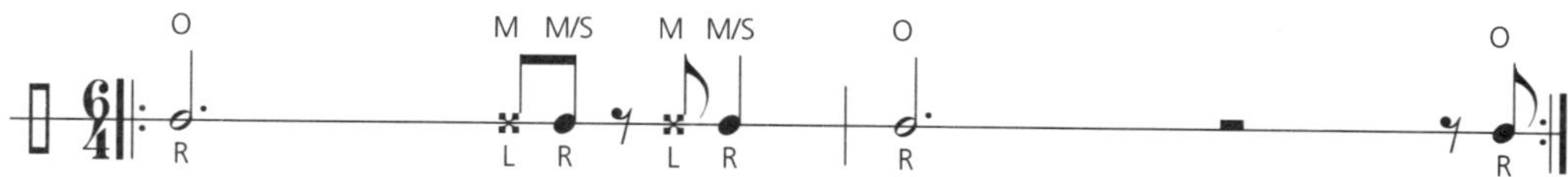

Pattern C

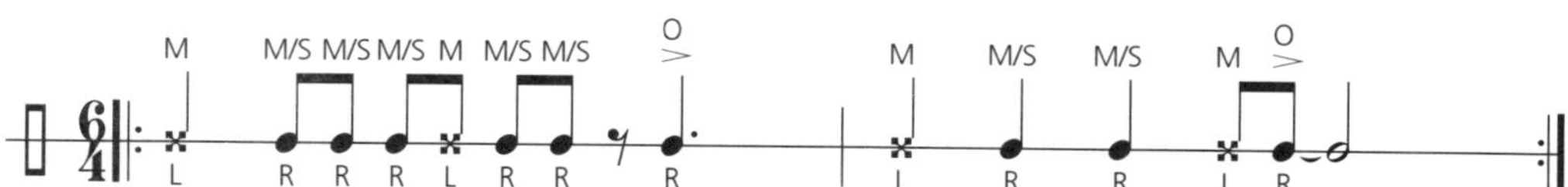

Conga Patterns

Basic Pattern

Pattern A

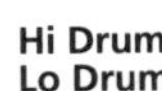

Pattern B

Pattern C

7 *Calypso*

The Calypso originated in Trinidad. During the Second World War fifty gallon metal oil barrels were dropped off and left in this country. The barrels were left because this area was a drop off point for fueling and refueling air crafts. The people always looking for ways to express themselves through music, took these discarded barrels and created what is now known as *Steel Pans* or *Steel Drums*.

I have written out traditonal rhythm section parts for the trap drum set, starting with the basic drum part, and numbers 1 through 5 being variations of the basic part. The brake drum parts are played on the actual brake drums from a car or truck. The lower pitch is played further away from the center and the higher pitch is played on the rim of the center hole. The conga parts with the most basic rhythm include 12 variations, many of these variations I use and have adapted when I play rhythm and blues (R&B) or pop music. The reason they work so well in funk or pop music is because the patterns either ride evenly across the back beat (2 and 4) of the snare drum or either totally lock with the snare drum. I could write a whole book about the percussionist role in recording R & B or pop music. The most important thing I can leave you with is that the arranger and producer are looking for you to lock or groove completely with the drum set as well as the entire music track. Not only should you not try to force a particular traditional rhythm upon the groove, but you must learn and accept that your role is to play as little as necessary and as much as called for.

Der Calypso entstand während des 2. Weltkrieges in Trinidad. Trinidad war zu einem Auftankstützpunkt für Flugzeuge geworden, und so blieben sehr viele Ölfässer auf der Insel. Ständig auf der Suche nach Ausdrucksmitteln für ihre Musik, nahmen die Menschen diese weggeworfenen Fässer und fertigten daraus die sogenannten *Steel Pans* oder *Steel Drums.*

Ich habe einige traditionelle Rhythmen für das Drum Set aufgeschrieben. Die Beispiele 1 bis 5 sind Variationen des ersten Grundrhythmus'. Die Bremstrommelstimme sollte auf einer Auto- oder Lastwagenbremstrommel gespielt werden. Der tiefe Ton wird außen an der Trommel gespielt, der hohe Ton am Rand des Mittellochs. Die Conga-Parts mit dem Grundrhythmus enthalten zwölf Variationen, von denen ich selbst etliche bei Rhythm & Blues oder Pop Musik verwende. Diese Figuren eignen sich deshalb so gut für Funk und Pop Musik, weil sie entweder gleichmäßig über dem *Backbeat* des Grundrhythmus' 'schweben' oder vollständig mit der Snare Drum (kleinen Trommel) 'einrasten'. Ich könnte noch ein ganzes Buch über die Rolle des Perkussionisten bei R & B oder Pop Musik schreiben - jetzt nur das Wichtigste zu diesem Thema: Arrangeur und Produzent wollen in der Regel, daß der Perkussionist vollständig im Einklang mit dem Drum Set, aber auch mit dem Rest der Musik spielt. Versuchen Sie auf keinen Fall bestimmte traditionelle Rhythmen über die *Groove* zu forcieren. Sie müssen lernen, nur soviel wie unbedingt notwendig bzw. soviel wie verlangt wird, zu spielen.

Le Calypso est originaire de Trinidad. Pendant la Seconde Guerre Mondiale, des fûts de 200 litres en métal furent déposés et laissés dans ce pays. Ces fûts furent abandonnés car ce territoire était le point de larguage où l'on approvisionnait et réapprovisionnait les avions. Le peuple, toujours à la recherche de manières de s'exprimer avec la musique, s'approprièrent ces fûts abandonnés et créèrent ce qui est connu maintenant sous le nom de "Steel Drums" (tambours d'acier: ce nom n'est pas traduit en Français). J'ai écrit des partitions traditionnelles de section rythmique pour la batterie en commençant avec une partie élémentaire de batterie et les exercices de 1 à 5 étant des variations de cette partie élémentaire. Les parties de "Brake Drum" (tambour de frein) sont joués sur de véritables tambours de frein provenant d'une voiture ou d'un camion. La sonorité la plus grave est jouée loin du centre et la sonorité la plus aiguë sur le cercle du trou central. Les partitions de conga comportant le rythme le plus fondamental comprennent 12 variations, dont de nombreuses ont été adaptées par moi-même et utilisées pour jouer du "Rhythm and Blues" (R et B) ou de la musique de variété. La raison pour laquelle ces variations fonctionnent aussi bien dans la musique "Funk" ou de variété est due au fait que ces motifs rythmiques se distribuent également sur les contretemps (2 et 4) de la caisse claire ou suivent parfaitement celle-ci. Je pourrais écrire un livre complet sur le rôle du percussionniste dans l'enregistrement de la musique de "Rhythm and Blues" et de variété. La chose la plus importante que je peux vous confier est que l'arrangeur et le producteur attendent de vous que vous vérouillez la batterie ou soyez en complet accord avec elle, ainsi qu'avec la bande musicale complète. Non content de ne pas essayer de forcer un rythme traditionnel particulier à coïncider avec le style dans lequel vous enregistrez, vous devrez accepter de jouer aussi peu qu'il est nécessaire et autant qu'on le demandera.

Calypso Drum Set Patterns

Basic Pattern

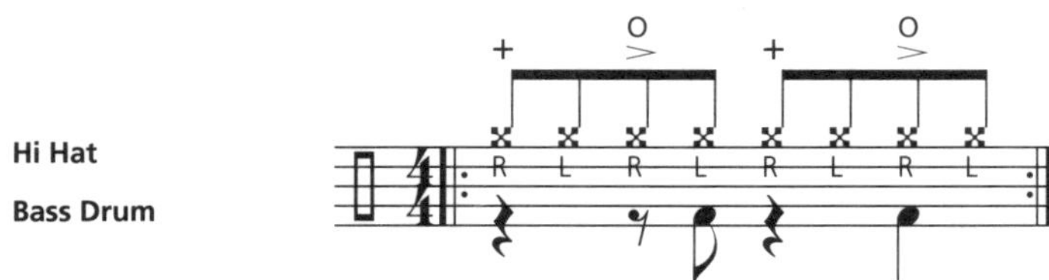

Pattern 1

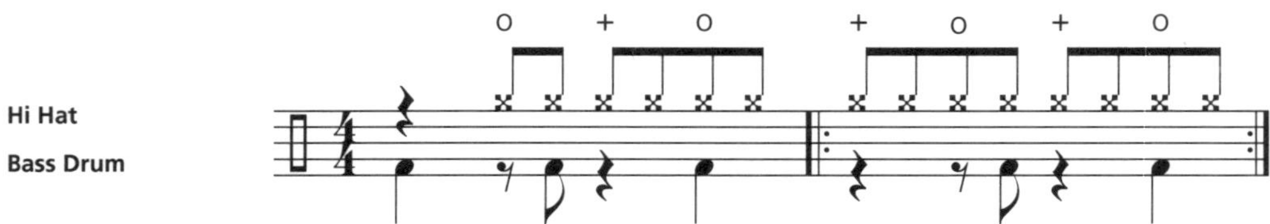

Pattern 2

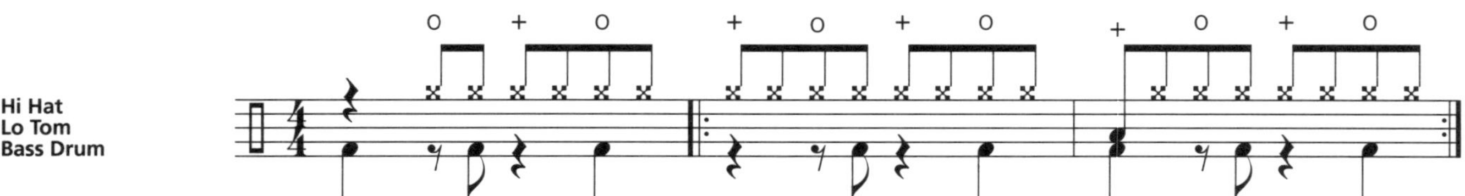

Pattern 3

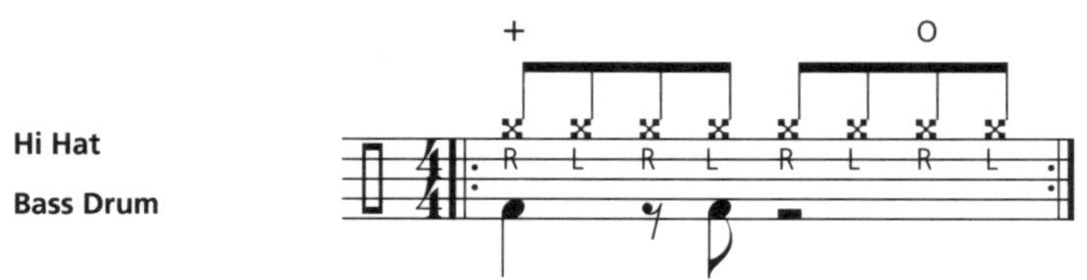

Pattern 4

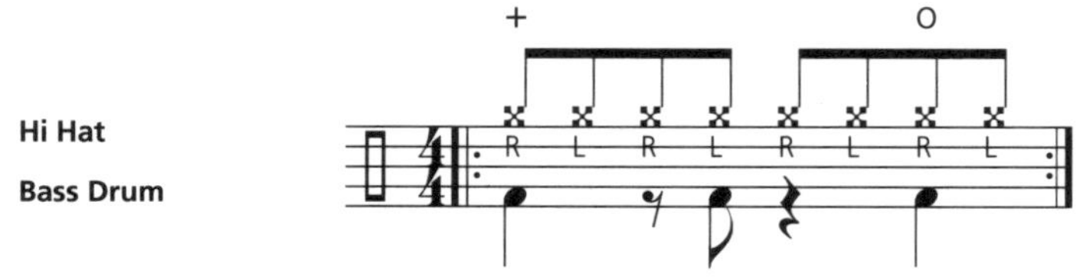

Pattern 5

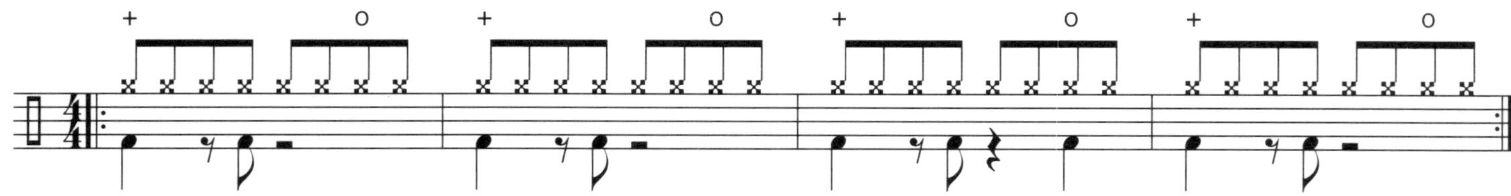

Calypso Brake Drum Patterns

Basic Pattern

Hi Drum
Lo Drum

Pattern 1

Lo Drum

Pattern 2

Hi Drum

Calypso Conga Patterns

Pattern 1

Hi Drum
Lo Drum

Pattern 2

Hi Drum
Lo Drum

Pattern 3

Hi Drum
Lo Drum

Pattern 4

Hi Drum
Lo Drum

Pattern 5

Hi Drum
Lo Drum

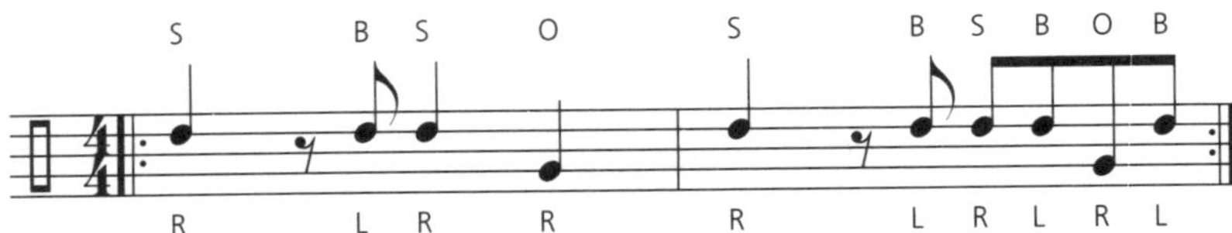

Pattern 6

Hi Drum
Lo Drum

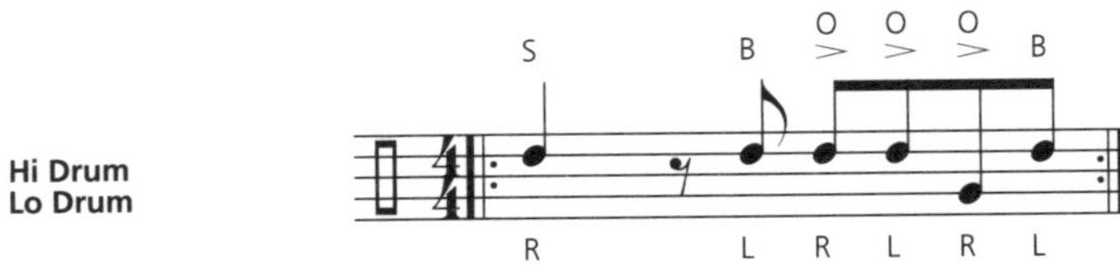

Pattern 7

Hi Drum
Lo Drum

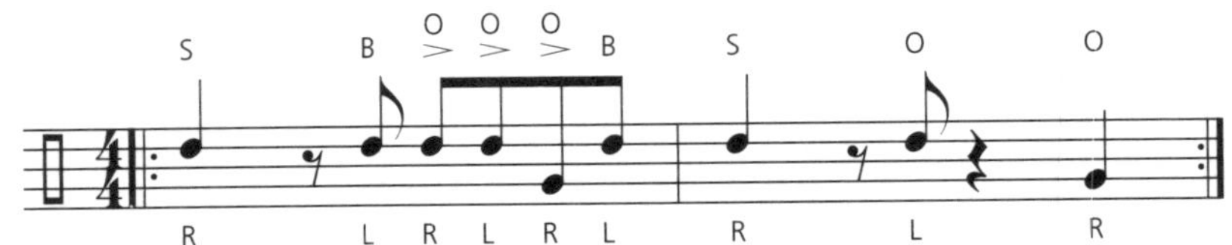

Pattern 8

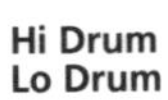

Hi Drum
Lo Drum

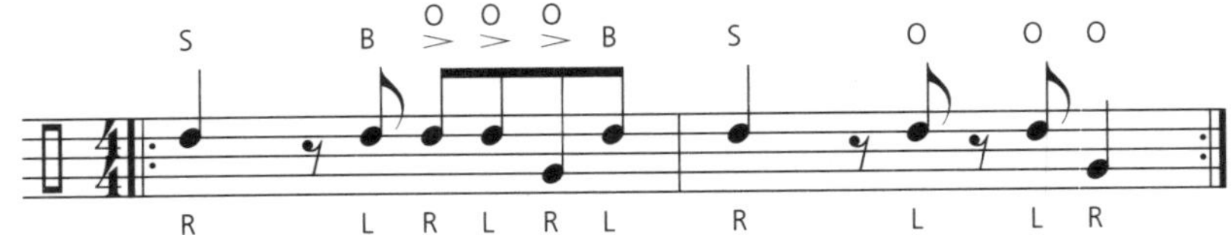

Pattern 9

Hi Drum
Lo Drum

Pattern 10

Hi Drum
Lo Drum

Pattern 11

Hi Drum
Lo Drum

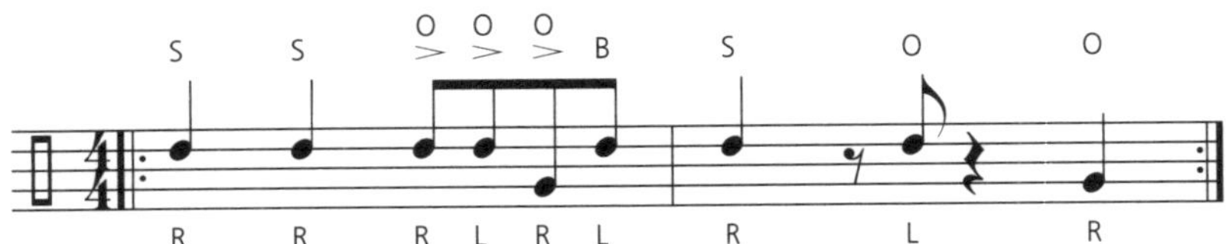

Pattern 12

Hi Drum
Lo Drum

8   *Rumba Guaguancó*

The Cuban rhythm *Rumba Guaguancó* is a traditional musical form that is one of my favorite types of music to play. It has a strong melodic as well as rhythmic feel and is a highly sophisticated music that has become popular around the world.

Section I numbers one basic, 2a, 2b, 3 and 4 are the bottom low tumba parts. Numbers 5 and 6 or the high conga parts, together they create variations of Rumba Guaguancó.

Section II here are three variations of Rumba Guaguancó.

Section III is a simple group ensemble section. Notice the variation on the 3/2 clave which is known as a Rumba clave. The cascara* part and regular 2/3 clave can be played interchangeably with the Rumba 3/2 clave and its cascara part.

Section IV is written as a complete eight bar Rumba ensemble. Listen to the melodies that this entire ensemble makes, especially the high and low conga part.

The voice parts are vocal phrases, using simply phonetic sounds but they are specifically phrased to accomplish two things; first to get you involved in singing, and secondly these phrases are typical rhythmic phrases that can heard in Cuban, Quintoing** or horn playing.

Finally, I have written a 16 bar solo that you can use to help you sense how to phrase over the ensemble.

Die kubanische *Rumba Guaguancó* ist eine der traditionellen Musikformen, die ich am liebsten spiele. Sie hat eine markante melodische und rhythmische Struktur und ist jetzt auf der ganzen Welt populär.

Teil I: 1 Basic, 2a, 2b, 3 und 4 stehen für die tiefen Tumba-Stimmen. 5 und 6 sind die hohen Conga-Stimmen; zusammen ergeben sie Variationen des Rumba Guaguancó.

In Teil II sind drei Variationen des Rumba Guaguancó.

Teil III enthält ein einfaches Ensemble. Achten Sie bitte auf die Variationen des 3/2 Clave-Rhythmus, den wir auch als *Rumba-Clave* kennen. Die *Cascara* * Stimme mit dem normalen 2/3 Clave kann auch mit der 3/2 Rumba-Clave und deren Cascara-Stimme gespielt werden.

Teil IV enthält ein komplettes 8taktiges Rumba Ensemble. Hören Sie auf die Melodien des gesamten Ensembles, ganz besonders auf die hohen und tiefen Conga-Stimmen.

In der Vokalstimme habe ich einfache, spezifisch phrasierte phonetische Klänge verwendet, um so zweierlei zu erreichen: zum einen, um Sie zum Singen zu bewegen und zum anderen handelt es sich hier um ganz typische rhythmische Phrasen, die in kubanischer Musik beim *Quintoing* ** oder in den Bläserstimmen vorkommen.

Zum Schluß habe ich ein 16taktiges Solo aufgeschrieben, das Ihnen bei der Ensemble-phrasierung helfen kann.

Le rythme cubain *rumba guaguancó* est une forme musicale traditionnelle qui est un de mes types de musique favorie que j'aime jouer. Ce type de musique possède un caractère mélodique aussi bien que rythmique très fort qui en font une musique très sophistiquée qui est devenue populairedans le monde entier.

Section I: 1) rythme de base

2) 2a - 2b - 3 et 4 constituent les parties de *tumba grave*.

3) 5 et 6 sont les parties de *tumba aiguë*, ensemble elles créent des variations du rythme de *rumba guaguancó*.

Section II: On trouve ici trois variations de *rumba guaguancó*.

Section III: C'est une partie de l'ensemble d'un groupe simple de percussions. Notez la variation du clavé en 3/2 connu sous le nom de Rumba clavé. La partie de cascara* et le clavé régulier en 2/3 peuvent être joués d'une façon inter changeable avec le clavé de Rhumba en 3/2 et sa partie de cascara.

Section IV: Cette section est écrite comme un ensemble de 8 mesures de Rumba. Ecoutez les mélodies que cet ensemble complet fait entendre, et particulièrement les parties de conga grave et aiguë.

Les parties écrites pour la voix, sont des phrases vocales, employant des sons phonétiques simples mais elles sont spécifiquement articulées pour accomplir deux choses; premièrement vous impliquer dans le chant et deuxièmement vous familiariser avec ces phrases rythmiques caractéristiques, typiques, qui peuvent être entendues dans l'improvisation, la pratique cubaine du solo ou le jeu des cuivres.

Finalement, j'ai écrit un solo de 16 mesures que vous pourrez employer pour vous aider à sentir comment phraser au dessus d'un ensemble.

---

*Note: cascara is another name for the palito part (playing the stick on the seale of the timbale shell)
**Quintoing is another word for soloing.

*Cascara ist eine andere Bezeichnung für Palito (mit dem Stock wird auf dem Timbale- oder Trommelrand gespielt).
**Quintoing ist ein anderes Wort für Solospiel.

*Note: Rappelez vous que le mot cascara est un autre mot pour désigner une partie de palito (les baguettes jouent sur les côtés de la timbale ou du tambour.).

I. Conga Parts

Pattern 1: Basic

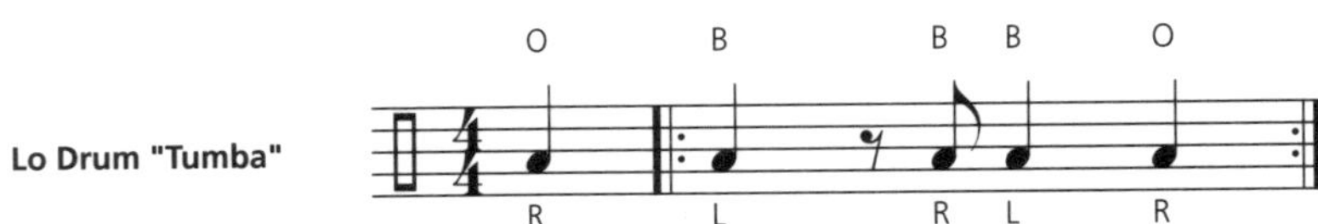

Pattern 2a

Pattern 2b

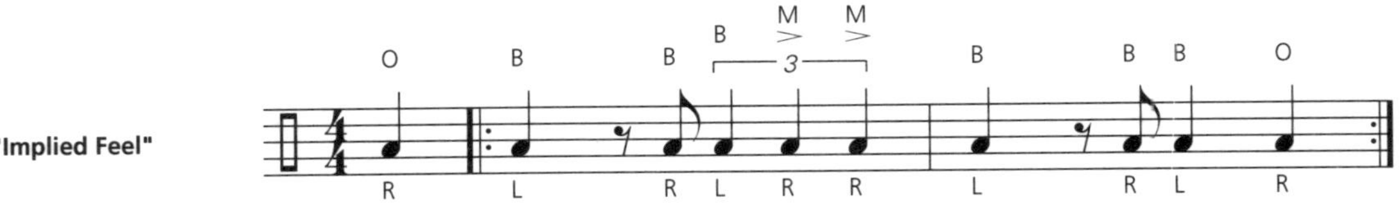

Pattern 3

Pattern 4

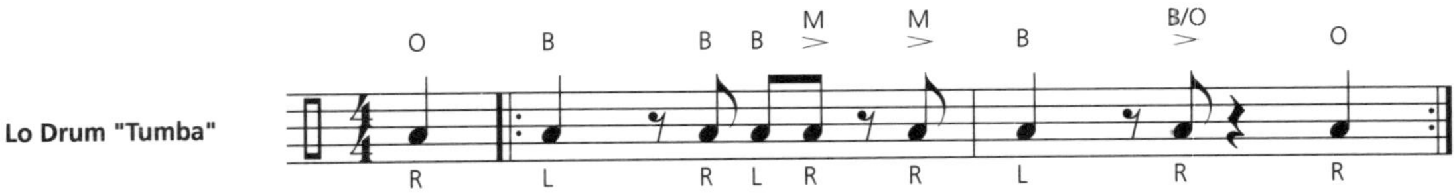

Pattern 5

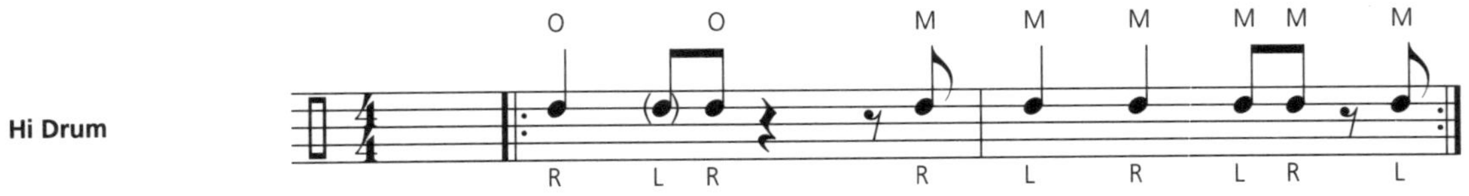

Pattern 6

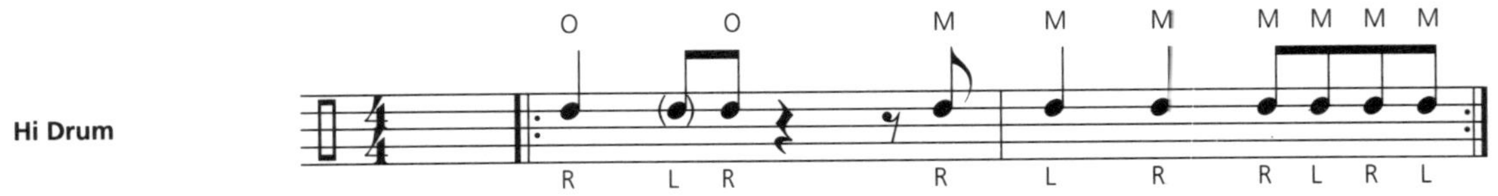

II. Variations (Rumba Guaguancó)

Pattern 1:

Pattern 2

Pattern 3

III. Rumba Ensemble

IV. Rumba Guaguancó Ensemble

O B O B O
B B B O B
O B O B O
B O B B O B
R L R L R
L R L R L
R L R L R
L R R L R L
AH BOOM BOO DAY
AH BOOM BOO DAY
AH BOOM BOO DAY
AH
LA
AH NAH
AH NAH
AH NAH
AH NAH

Solo

9 *Jazz Grooves**

I have written for those of you who play with trap drummers, or who play trap drums, some different drum parts. These parts include the paila parts with variations as well as clave, bass drum and snare parts. I think you will find these rhythms invaluable.

Most trap drummers play in a Cuban feel, a basic samba feel or bosa nova feel. This is not only completely wrong but puts all the other players in the rhythm section in hand-cuffs.

One side note: all players must learn that the total sound of the group is dependent on every one being unselfish enough to "stay at home", a phrase used mostly in jazz when the leader tells someone to play the basic feel without a lot of extras. Everybody wants to express themselves, but the great players learn how to enjoy "staying at home" and just grooving with their part, which make's up the whole sound.

Für diejenigen, die mit Drum Set Spielern spielen oder selbst Drum Set spielen, habe ich ein paar verschiedene Rhythmen aufgeschrieben. In diese Rhythmen kommen Paila-Figuren mit Variationen, Clave-, Baßtrommel- und Snare-Stimmen vor. Ich glaube, daß Ihnen diese Rhythmen von Nutzen sein werden.

Viele Drum Set Spieler spielen bei einem kubanischen Feeling mit einem fundamentalen Samba oder Bossa *Feeling.* Dies ist nicht nur falsch, sondern knebelt gewissermaßen den Rest der Rhythmusgruppe.

Eine Randbemerkung: Alle Mitglieder einer Band müssen lernen, daß der Gesamtklang der Gruppe davon abhängt, wie gut sich die einzelnen Musiker uneigennützig 'unterordnen' ("stay at home" - ein Begriff der hauptsächlich im Jazz verwendet wird, wenn der Bandleader einem Musiker sagt, er soll einfach, ohne viel Extras spielen. Natürlich möchte sich jeder selbst verwirklichen. Aber die besten Musiker lernen Spaß zu haben an "staying at home" und am Beitrag Ihrer einzelnen Stimmen zum Gesamtklangbild.

J'ai écrit pour ceux d'entre vous qui jouent avec des batteurs, où qui jouent à la batterie des parties différentes de batterie. Ces parties incluent des parties de "paila" avec des variations, ainsi que des parties de clavé, de grosse caisse et de caisse claire. Je pense que vous trouverez ces rythmes inestimables. La plupart des batteurs jouent dans un contexte de musique cubaine, un rythme de base de samba ou de bossa-nova. Ceci n'est en rien particulièrement faux ou mauvais, mais ligote tous les autres musiciens avec une paire de menottes.

Remarque en aparté: tous les musiciens doivent apprendre que le son global d'un groupe dépend de tous ceux qui sont assez désintéressés pour "rester à la maison", une expresson employée la plupart du temps dans le jazz quand le leader dit à quelqu'un de jouer le rythme de base sans fioritures. Tout le monde veut s'exprimer, mais les grands instrumentistes apprennent comment se faire plaisir en "restant à la maison" et en jouant uniquement la partition. Mais c'est une partition qui construit le son de l'ensemble.

*"Jazz Grooves" terme très difficile à traduire: morceaux de jazz de caractère et de tempo différents; ici motifs de batterie de caractère différent.

"

Drum Set Grooves

Groove 1

Hi Hat
Snare Drum
Bass Drum

Groove 2

Hi Hat
Snare Drum
Bass Drum

Groove 3

Hi Hat
Snare Drum
Bass Drum
Hi Hat (w/foot)

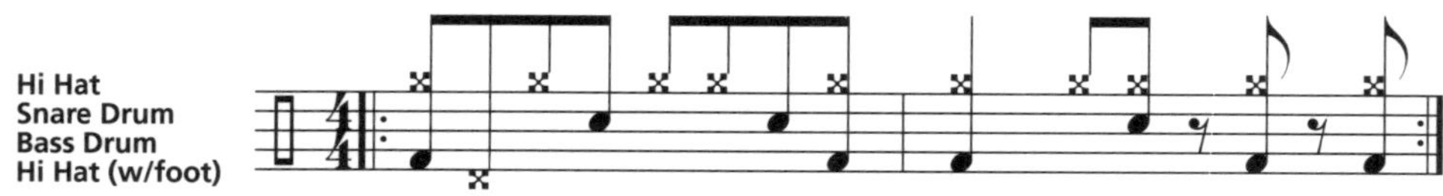

Groove 4

Hi Hat
Snare Drum
Lo Tom
Bass Drum

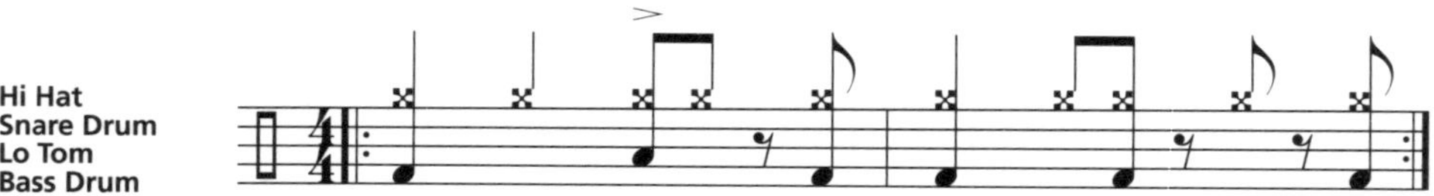

Groove 5

Hi Hat
S.D.across Rim
Bass Drum

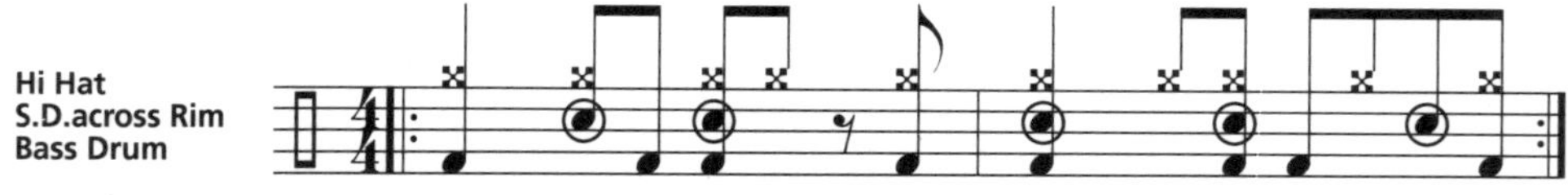

Groove 6

Hi Hat
S.D.across Rim
Lo Tom
Bass Drum

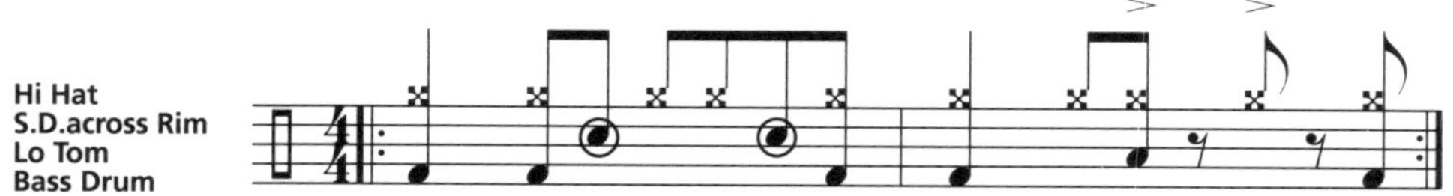

Groove 7

Groove 8

Groove 9

Groove 10

Next is a study of some basic jazz rhythms with emphasis on keeping a sense of three (triplets) inside the 4/4 feel and sometimes against 4/4. Make sure to play everything slowly at first. In order that you hear the melodies that are made between the different drums and cymbals. Note that the ride cymbal is also the cymbal you will be crashing. When you see that noted, especially at Exercise 9, you need to make two distinct tones on your cymbal in order to hear the right drum figure.

Als nächstes folgen einige grundlegende Jazz-Rhythmen. Mit dem Schwerpunkt, die 3er Bewegung (Triolen) innerhalb des 4/4 Takts und manchmal gegen den 4/4 Takt zu spüren. Spielen Sie alles zunächst ganz langsam, damit Sie so die Melodien hören, die zwischen den verschiedenen Trommel- und Beckenklängen entstehen. Das Ride-Becken wird hier auch als Crash-Becken benutzt. Wann immer das verlangt wird, besonders bei Übung 9, müssen die zwei Beckenschläge deutlich unterschieden werden, damit die richtige Trommelfigur gut zu hören ist.

Après cela, nous trouvons une étude d'un certain nombre de rythmes de Jazz fondamentaux, mettant l'accent sur la façon de conserver un caractère ternaire à l'intérieur d'un contexte de mesure à 4 temps et parfois contre ce même 4 temps. Soyez sûr de jouer tous les exemples lentement une première fois de façon à pouvoir entendre les mélodies qui se créent entre les différents tambours, tom-toms et cymbales. Remarquez que la cymbale "ride" sera aussi la cymbale que vous aller jouer comme si elle était une cymbale "crash". Lorsque vous voyez ceci marqué, et spécialement l'exemple 9, vous avez besoin de faire deux sons distincts sur votre cymbale de façon à pouvoir entendre la figure rythmique exacte de batterie.

Jazz Patterns

Pattern 1

Pattern 2

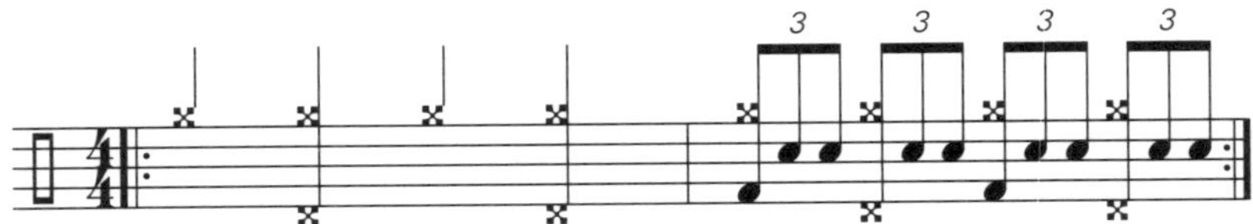

Pattern 3

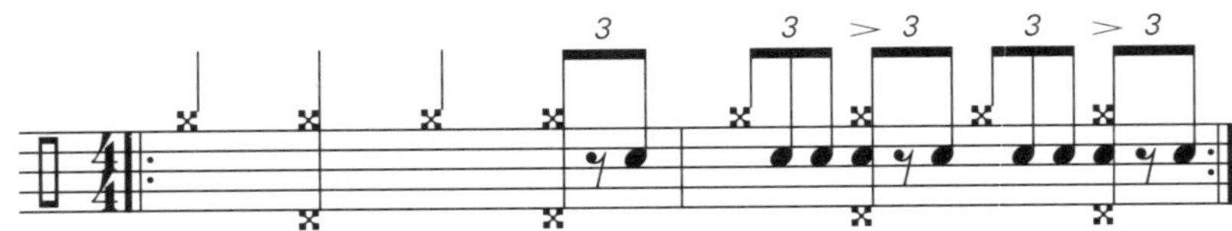

Pattern 4

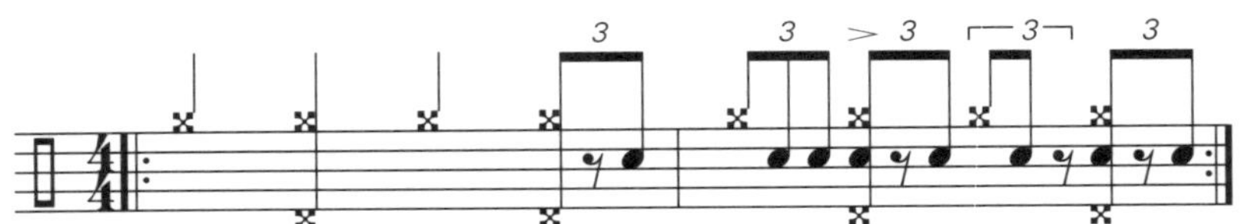

Pattern 5

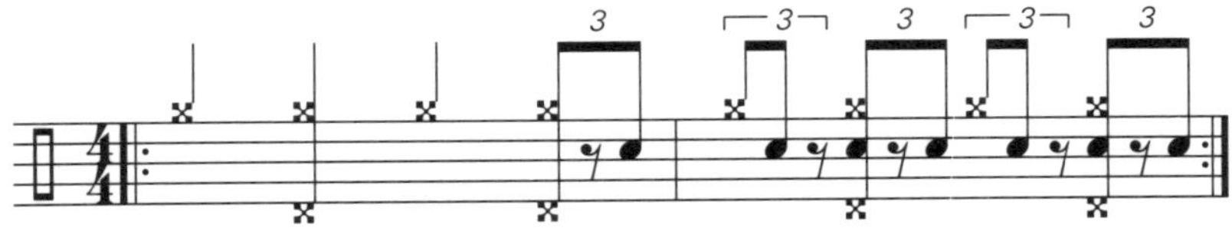

Pattern 6

Pattern 7

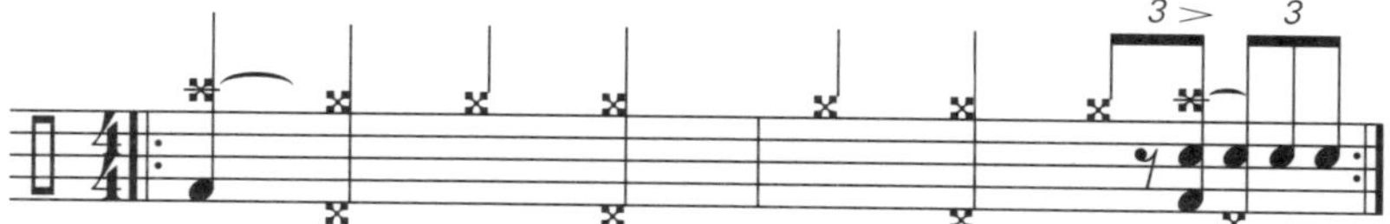

Pattern 8

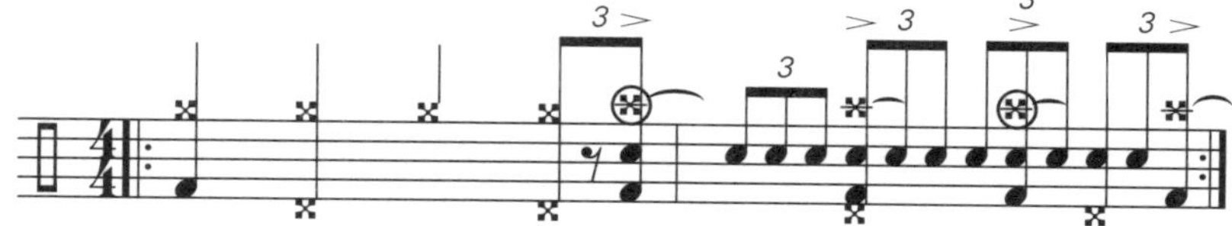

Pattern 9

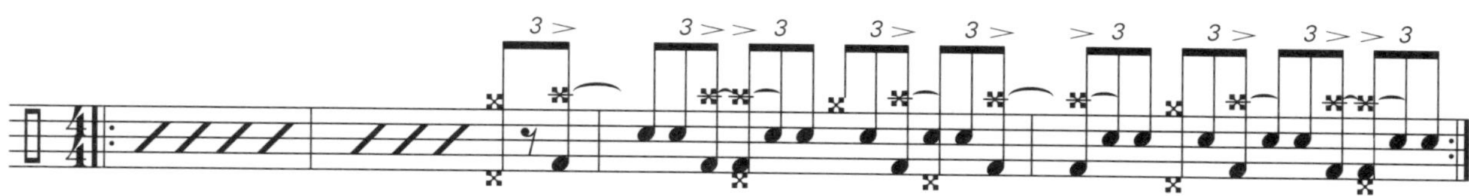

Pattern 10

Pattern 11

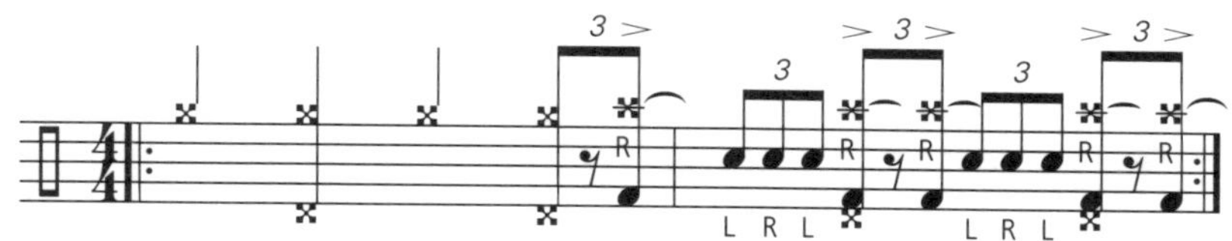

Pattern 12

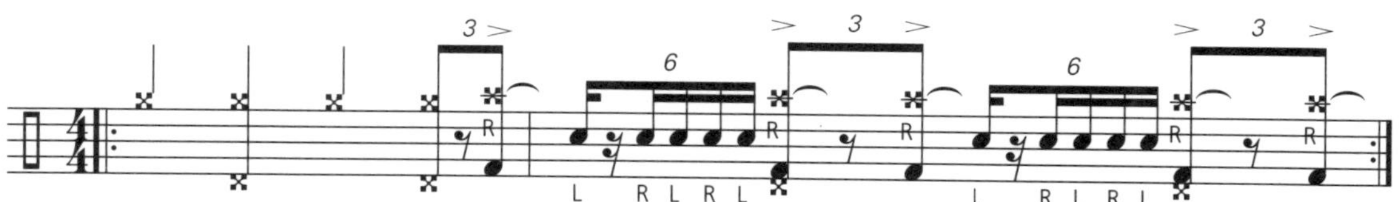

Jazz Conga Patterns

The conga parts are simple patterns. I want you to make sure you play with the right Jazz-Swing feel; therefore, you can see that everything has a three feel. Many conga players play jazz with more of a *Latin tumbao* feeling and not only is this incorrect, but it creates in the music and rhythm section a lot of negative tension.

One final note, 'BR' stands for taking a breath in on the part of the beat where written so that you go into the next phrase correctly. Note that after the Basic conga jazz beat, I have notated some simple solo like phrases for you to practice in the context of the basic jazz pattern. These phrases are to be used when the soloist or vocalist in the structure of the tune needs some rhythmic tension and release in the context of the song.

Die Conga-Figuren sind sehr einfach. Es ist allerdings wichtig, daß diese Figuren mit dem richtigen *Jazz-Swing Feeling* gespielt werden - alles wird triolisch gespielt. Leider wird Jazz oft im *Latin Tumbao* Stil gespielt. Dies ist nicht nur grundsätzlich falsch, sondern erzeugt innerhalb der Musik generell und innerhalb der Rhythmusgruppe speziell, eine negative Spannung.

'BR' ist das Zeichen für Einatmen, und zwar an der entsprechend markierten Stelle, damit Sie in die nächste Phrase korrekt übergehen. Übersehen Sie bitte nicht, daß ich nach der Grundfigur 'Basic Conga Jazz Beat', ein paar einfache solistische Figuren notiert habe, die Sie im Zusammenhang mit der Grundfigur üben sollen. Verwendet werden solche Figuren in der Regel, wenn der Solist oder Sänger durch rhythmische Spannung musikalisch unterstützt werden soll.

Les parties de conga sont de simples motifs rythmiques. Je veux aussi que vous soyez sûr de jouer ceci, avec le caractère exact, précis du Jazz et le Swing que cela nécessite. Jusque là, vous pouvez vous rendre compte que tout à un caractère ternaire. De nombreux joueurs de conga jouent le jazz, en lui donnant un caractère latin de "tumbao" trop marqué, ce qui n'est pas simplement incorrect, mais crée dans la musique et la section rythmique une tension négative importante. Une remarque finale, "BR" est marqué pour prendre une respiration sur la partie du temps où il est marqué de façon à pouvoir attaquer la phrase suivante correctement. Remarquez après les rythmes de conga fondamentaux, j'ai glissé quelques phrases simples, ressemblant à des solos, que vous pourrez travailler dans le contexte des motifs fondamentaux de jazz. Ces phrases seront à employer quand le soliste ou le vocaliste, dans la structure du morceau, ont besoin d'une certaine tension et détente qui soit dans le contexte du morceau.

Pattern: Basic Conga Jazz Beat

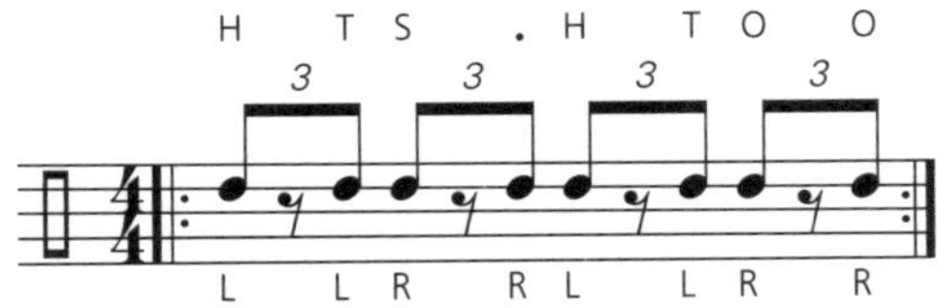

Pattern 1

Pattern 2

Pattern 3

Hi Drum

Pattern 4

Hi Drum
Lo Drum

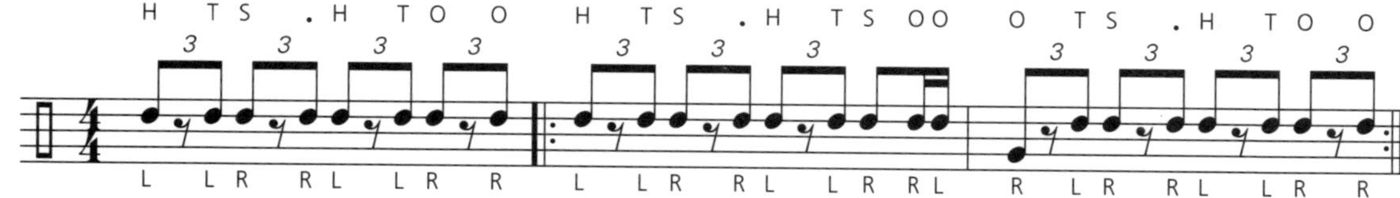

Pattern 5

Hi Drum
Lo Drum

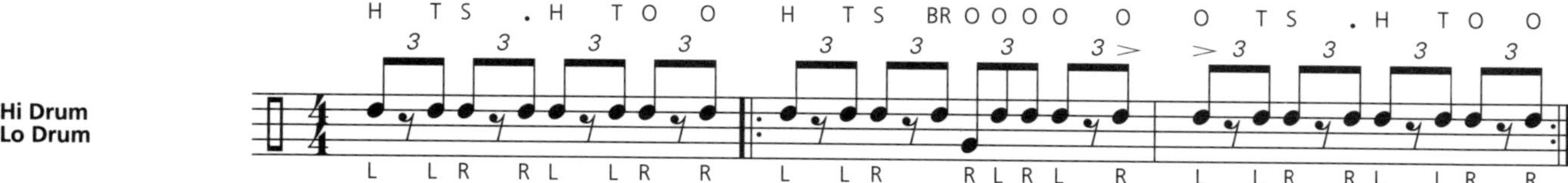

Conclusion

What I've tried to share with you in the preceeding sections are concepts and some of my philosophy as a percussionist. We by no means have covered every culture or instrument in this rich field of world percussion. I hope to bring you, in the future, books that explore the Brazilian traditions of samba and its unique instruments, as well as many other rich musics. I am very interested in sharing in depth, the practical realities of playing in a recording studio environment, as well as concerts (both are completely different). Instrument making and repair is another topic I think will help you a lot.

There are seasons and cycles to your musical growth, so studying your craft is a forever journey. Progress will be made, then a huge wall will arise and you'll feel there's something wrong with you and you've reached your creative limit. Keep working and shortly, a light will come on inside and you will begin moving ahead once more. You are not in competition with anyone else but yourself. If anything, the only pressure needed is what you use to fight off the fear and inferior feelings you will encounter as you grow.

Finally, the only thing I can say is that for me, I have no choice in whether I am a musician or not. The decision to become a musician will set the tone for how much you're willing to fight to gain your own voice. What ever level you are at, there's no question, it's more than worth it.

Musically yours
Kenneth Nash

Schlußwort

Dieses Buch ist der Versuch, Ihnen meine eigenen Konzepte und einiges von meiner Philosophie als Perkussionist näherzubringen. Wir haben dabei keinesfalls jede Kultur oder jedes Instrument der reichhaltigen Welt der Perkussion behandelt. Ich hoffe ich kann Ihnen in nächster Zeit noch Bücher anbieten über die Tradition der brasilianischen Samba, ihrer einzigartigen Instrumente und über andere reiche musikalische Kulturen. Ich bin sehr daran interessiert, meine Erfahrungen über die Arbeit des Perkussionisten im Studio und *Live* (zwei völlig unterschiedliche Dinge) mit Ihnen zu teilen. Instrumentenbau und Reparatur ist ein weiteres Gebiet, das sehr nützlich ist.

Es gibt gewisse Zeitabläufe und Zyklen für musikalische Reifeprozesse. Das Bemühen eine Kunstform zu meistern, ist eine endlose Reise. Fortschritte stellen sich ein, dann erscheint plötzlich eine riesige Mauer und Sie werden denken, daß Sie etwas falsch machen und Ihre kreative Grenze erreicht haben. Arbeiten Sie weiter, es wird sich ein Weg öffnen und es geht wieder voran. Sie stehen mit niemanden, außer mit sich selbst, im Wettbewerb. Wenn Druck nötig ist, dann nur um eigene Furcht und Minderwertigkeitsgefühle zu überwinden, die sich im Laufe des musikalischen Reifeprozesses einstellen. Zum Abschluß nur noch Eines: Für mich stellt sich die Frage nicht [mehr] - Musiker oder nicht Musiker. Die Entscheidung für eine Musikerlaufbahn hängt davon ab, ob Sie bereit sind, für eine eigene musikalische Stimme zu kämpfen. Egal wie weit Sie sind, es ist überhaupt keine Frage, es lohnt sich ganz bestimmt.

Musikalisch
Ihr Kenneth Nash

Conclusion

Ce que j'ai essayé de partager avec vous dans les chapitres précédents ce sont mes concepts et une partie de ma philosophie en tant que percussionniste. Nous n'avons en aucun cas traité chaque culture ou instrument dans ce riche domaine de la percussion mondiale. J'espère vous apporter, dans le futur, des livres qui exploreront les traditions Brésiliennes de la samba et de ses instruments uniques, exceptionnels, ainsi que beaucoup d'autres musiques très riches. Je suis très intéressé de partager en profondeur, les réalités pratiques de jouer dans l'environnement d'un studio d'enregistrement. La fabrication et la réparation des instruments est un autre sujet qui vous aiderait beaucoup. Il y aura des périodes et des cycles dans votre développement musical, aussi l'apprentissage de votre métier sera un voyage sans fin. Les progrés se feront, puis soudain un mur se dressera et vous penserez que quelque chose ne va plus en vous et que vous avez atteint votre limite de créativité. Continuez à travailler et rapidement, une lumière se fera en vous et vous continuerez à progresser une fois encore. Vous n'êtes pas en compétition avec les autres mais avec vous-même. Quoi qu'il en soit, la seule pression dont vous avez besoin est celle que vous emploierez pour vaincre la peur et les sentiments d'infériorité que vous rencontrerez en vous développant. Finalement, la seule chose que je peux dire est que pour moi, je n'ai pas le choix d'être un musicien ou non. J'y suis contraint, c'est ma vocation. Vous trouverez pour vous même combien contraint vous êtes et cela vous donnera une idée de combien vous êtes disposé à vous battre pour trouver, gagner votre propre voix. Quel que soit votre niveau, il n'y aucun doute, cela en vaut vraiment la peine.

Musicalement vôtre
Kenneth Nash

Kenneth Nash, one of the pioneers in the use of international percussion instruments has performed and recorded with many of the great creative musical forces of our time: *Herbie Hancock, Dizzy Gillespie, Weather Report, Sergio Mendes, Ahmad Jamal, Stan Getz, Groover Washington Jr., J.J. Johnson, B.B. King, Bobby McFerrin, McCoy Tyner, The Woody Herman Big Band, The Andy Narell Group,* and the list goes on and on. He has composed and arranged percussion pieces for *The Joffrey Ballet, The San Francisco Opera* and *The Amercian Conservatory Theatre,* as well as four musical scores for the movie "Black Stallation", produced by *Francis Ford Coppola.* Mr. Nash is a noted record producer, producing over 80 albums for various artists and record companies in his own 24 track Nash Studio in Oakland, California. In addition to conducting his own seminars and workshops in the U. S. A. and in Europe he has done extensive teaching for the *National Endowment of the Arts Program.*

Utilizing the modern drum set, congas, bongos, timbales and a vast array of cymbals, gongs and hand percussion instruments, Kenneth creates a rich tapestry of musical colors, speaking through each of his instruments in a unique voice. His high energy, innovative playing has earned him a reputation as one of the foremost percussionists.

Kenneth Nash, einer der Pioniere bei der Anwendung internationaler Perkussionsinstrumente, hat mit vielen der großen kreativen, musikalischen Kräfte unserer Zeit gespielt und ist auf Ihren Platten zu hören: *Herbie Hancock, Dizzy Gillespie, Weather Report, Sergio Mendes, Ahmad Jamal, Stan Getz, Groover Washington Jr., J.J. Johnson, B.B. King, Bobby McFerrin, McCoy Tyner, The Woody Herman Big Band, The Andy Narell Group.* Und diese Liste liese sich weiter fortsetzen. Er komponierte und arrangierte Perkussionsstücke für: *The Joffrey Ballet, The San Francisco Opera* und *The Amercian Conservatory Theatre,* sowie vier Partituren für den Film "Black Stallation", produziert von *Francis Ford Coppola.* In seinem eigenen 24Spur Tonstudio in Oakland, Kalifornien produzierte er für verschiedene Künstler und Plattenfirmen mehr als 80 Platten. Zusätzlich zu seinen Seminaren und Workshops in den U. S. A. und in Europa unterrichtete er für das *National Endowment of the Arts Program.*

Mit einer Vielfalt von Instrumenten (Drum Set, Congas, Bongos, Timbales, Gongs, Hand-Perkussionsinstrumenten und verschiedenen Becken) kreiert Kenneth Nash einen Teppich musikalischer Klangfarben, indem er durch jedes seiner Instrumente mit einer einzigartigen Stimme spricht. Durch sein energiegeladenes, innovatives Spiel wurde er zu einem der gefragtesten Perkussionisten.

Kenneth Nash, un des pionners dans l'emploi des instruments de percussion du monde entier a joué et enregistré avec un grand nombre des grandes forces créatives de notre temps: *Herbie Hancock, Dizzy Gillespie, Weather Report, Sergio Mendes, Ahmad Jamal, Stan Getz, Groover Washington Jr., J.J. Johnson, B.B. King, Bobby McFerrin, McCoy Tyner, The Woody Herman Big Band, The Andy Narell Group,* et la liste s'allonge chaque jour. Il a arrangé et composé des morceaux pour percussions pour *The Joffrey Ballet, The San Francisco Opera* et *The Amercian Conservatory Theatre,* ainsi que quatre conducteurs pour le film "Black Stallation", produit par *Francis Ford Coppola.* Msr. Nash est un producteur renommé d'enregistrements sonores, ayant produit 80 albums au moins mettant en valeur des artistes variés pour différentes maisons de disques sur son propre 24 pistes dans son studio à Oakland, Californie. En plus de conduire ses propres séminaires aux Etats-Unis et en Europe il a enseigné d'une façon intensive pour *The National Endowment of the Arts Program.*

Utilisant la batterie actuelle, les congas, les bongos, les timbales et un vaste et impressionnant arsenal de cymbales, gongs, et d'instruments de percussion à mains, Kenneth crée une riche tapisserie de couleurs musicales, parlant au travers de chacun de ses instruments d'une voix unique, inimitable. Sa grande énergie, son jeu innovatif lui ont permis de se gagner la réputation d'un des percussionnistes les plus éminents.

Kenneth Nash may be contacted for concerts, seminars or workshops at:
  700 Paloma Avenue
  Oakland, California 94610
  U. S. A.

Kenneth Nash kann für Konzerte, Seminare oder Workshops unter der folgenden Adresse erreicht werden:
  700 Paloma Avenue
  Oakland, California 94610
  U. S. A.

Kenneth Nash peut être contacté pour des concerts, des séminaires ou des ateliers à l'adresse suivante:
  700 Paloma Avenue
  Oakland, California 94610
  U. S. A.

Billy Hart - **Jazz Drumming**

❏ 13001 **Jazz Drumming** - CD Version ❏ 13000 **Jazz Drumming** - Cassette Version

Text: English, deutsch, français

Play along with

John Abercrombie (guitar); **Richie Beirach** or **Bill Dobbins** (piano); **Jimmy Knepper** (trombone); **David Liebman** (soprano & tenor saxophone); **Ron McClure** or **Rufus Reid** (bass); **Louis Smith** (flugelhorn) and **Bobby Watson** (alto saxophone):

A Night In Tunisia - Dizzy Gillespie; *Equinox* - John Coltrane; *Day & Nite* - David Liebman; *Ralph's Piano Waltz* - John Abercrombie; *Embraceable You* - George Gershwin; *Lo Flame* - Bill Dobbins.

The compact disc or cassette contains two mixes of each composition, one mix for listening (with drums) and one mix to play along with (without drums).

In the book you will find transcriptions of Billy Hart's playing with helpful commentary.

Spielen Sie mit

John Abercrombie (Gitarre), **Richie Beirach** oder **Bill Dobbins** (Piano), **Jimmy Knepper** (Posaune), **David Liebman** (Sopran- & Tenor-saxophon), **Ron McClure** oder **Rufus Reid** (Baß), **Louis Smith** (Flügelhorn) und **Bobby Watson** (Altsaxophon):

A Night In Tunisia - Dizzy Gillespie, *Equinox* - John Coltrane, *Day & Nite* - David Liebman, *Ralph's Piano Waltz* - John Abercrombie, *Embraceable You* - George Gershwin, *Lo Flame* - Bill Dobbins.

Jeder Titel der CD/Kassette wurde zweimal abgemischt, einmal für die Hörfassung (mit Drums) und einmal für die Mitspielfassung (ohne Drums).

Im Buch finden Sie Transkriptionen von Billy Harts Spiel mit nützlichen Kommentaren.

Jouez avec

John Abercrombie (guitare); **Richie Beirach** ou **Bill Dobbins** (piano); **Jimmy Knepper** (trombone); **David Liebman** (soprano et ténor saxes); **Ron McClure** ou **Rufus Reid** (bass); **Louis Smith** (bugle) et **Bobby Watson** (saxophone alto):

A Night In Tunisia - Dizzy Gillespie; *Equinox* - John Coltrane; *Day & Nite* - David Liebman; *Ralph's Piano Waltz* - John Abercrombie; *Embraceable You* - George Gershwin; *Lo Flame* - Bill Dobbins.

Ce disque compacte ou cette cassette enregistrée contiennent deux mixages de chaque composition, un mixage pour écouter (avec la batterie) et un mixage avec lequel jouer (sans batterie).

Dans le livret joint vous trouverez des transcriptions des parties jouées par Billy Hart accompagnées de commentaires très utiles.

ISBN 3-89221-032-2